20代だから許されること しておきたいこと

「ブレない」「流されない」「迷わない」自分になる6つのヒント

博報堂フェロー
ひきたよしあき

大和出版

はじめに

自分で「人生」を選び取れる人になろう

20代は不思議な時期です。〝人生100年時代〟と言われる現代では、まだ5分の1を過ぎた程度。しかし、この季節に見たもの、聞いたもの、体験したこと、夢見たこと、夢破れたことが、その後の人生を決める。そんな強さと怖さを秘めています。

私は1つの会社に36年間勤めました。バブル経済と崩壊、阪神・淡路大震災、ITバブルと崩壊、アメリカ同時多発テロ、東日本大震災、そして新型コロナウィルスと様々な時代を経験。その過程では、揺るぐことのないと思われた大企業の倒産、就活生が選ぶ人気企業の栄枯盛衰、猫の目のように変わる人々の価値観などを横目で睨みながら、広告マーケティングの世界で働いてきました。と同時に、私は20代の頃からマスコミセミナーや様々な大学の講義で、学生たちの「就活」を支援してもいます。

その当時の学生が、今はもう50代。あなたたち20代の上司にあたる年齢になっています。20年、30年と社会で働いている昔の教え子たちと話すとき、彼らが必ず口にするのが、「20代という季節の大切さ」なのです。

「転職で悩んだとき、結局20代の頃に考えた『自分の原点』に従おうと決めた」

「今の私があるのは、20代の失敗経験のおかげ」

「20代に夢見たことが、50代になって実現している」

そう、どんな時代であろうとも、自分が自分でいるための指標となるのが、20代で経験したこと、考えたことなのです。

現在20代のあなたたちは、私の時代とは比べものにならないぐらい変化の激しい社会で生きています。働き方が多様化し、たくさんの情報が錯綜する中で、「何を指標に将来を考えればいいかわからない」「日々、雑務や残業に追われて将来が見えない」「どこに転職しても役に立つスキルを身につけたい」——。そんな悩みを抱いているのではないでしょうか。

だからこそ、私は、あなたたちに向けてエールを送りたいと考えました。

自分らしさを肯定し、数の力や他人の言動に振り回されることがないように。
職業や肩書きに執着せず、人生で成し遂げたいことに向かって邁進できるように。
自分の目で判断し選び抜く力を身につけて、どんな場所へ行っても通用する人になれるように。

簡単なことではありませんが、20代での考え方と行動次第で、こんな「自己基盤」をものにすることができるのです。

20代には、特権があります。「若さ」という特権です。私自身、今から思えば、**若さゆえにいろいろなことが許されていました。**職を選ぶのも変えるのも、この時期なら軽々とできます。体当たりすれば偉い人でも会ってくれる機会が多い。30代、40代と比べれば圧倒的に「許される世代」です。裏を返せば、だからこそ腰を軽くして挑戦することが大切なのです。

また20代は、「しておきたいこと」の多い時期でもあります。自分の土台をしっかりとつくり、自我を確立する。そのための忍耐力が必要になってきます。

本書は、20代の「許される時期」に何を考え、どう行動すべきか。同じく「しておきたいことの多い時期」に、具体的に何をどうするべきかについて語っています。

自己基盤がまだできていないからこそ、悩みも不安も多いはず。その中で「ブレない」「流されない」「迷わない」ための自分軸を通す方法を書きました。

具体的には、次のような構成になっています。

第1章は、「人生」の軸をつくる

まずは少し目線を上げて、自分の過去を振り返り、自分の死についてまで考えてみましょう。人生をトータルで眺めてみると、20代の今だからこそしておきたいことが浮き彫りになります。この章では、人生を力強く歩む上で必要な自己基盤の固め方について語ります。

第2章は、「人間関係」の軸をつくる

軸を築く上で、他人との気持ちのいい距離感を知ることは不可欠です。人と同じことを思い共感しながら、同時に人と違うことを考え自己表現を確立する。20代はこのバランスを磨く時期でもあります。この章では、人間関係について深く言及します。

第3章は、「仕事」の軸をつくる

学生時代にピリオドを打ち、社会人となる20代。自分に向いている職業は何か。もっと向いている職業はないのか。そもそもどうして働くのか。人生で一番「仕事」について悩む時期ではないでしょうか。この章では、仕事の選び方や取り組み方、心構えについて考えていきます。

第4章は、「言葉」の軸をつくる

言葉の引き出しをたくさん持てば、自分の考えを余すことなく伝えることも、同時に相手の考えをきちんと理解することもできるようになります。他人から見ればあなたが何を考えていたとしても、言葉にしなければ考えていないのと同じこと。20代のうちに「言葉」という一生ものの武器を磨きましょう。

第5章は、「逆境」を乗り越える軸をつくる

20代は、成功よりも失敗が多いのが常です。理不尽なことも抱えるし、「まさかの坂」を転げ落ちることも多々あります。洞窟に閉じ込められたような逆境。しかしその環境が自分を磨いてくれるのです。この章では、苦しい時期の処し方を学びます。

第6章は、「人間の幅」を広げる軸をつくる

人間力というのは、自己投資、毎日の生活習慣、休日の過ごし方、人生のスタンスなどで形づくられていくものです。20代は、様々な経験を積み、視野を大きく広げるチャンスのとき。この季節に人生を豊かにする軸を確立しましょう。

私は、「スピーチライター」として政治家や企業経営者と語り、「言葉の講師」として小学生から大学生までを教えてきました。幅広い世代、そしてあらゆる業種の人たちと接してきました。この様々な価値観を持つ人と仕事を共にしてきたことが、私の強みです。本書にはそのエッセンスをすべて注ぎ込みました。ぜひ、私のお伝えしたことを参考に、あなたの20代を素晴らしいものにしていってください。

ひきたよしあき

20代だから許されること、しておきたいこと　目次

はじめに　自分で「人生」を選び取れる人になろう

第1章 「人生」の軸をつくる

1 自分への弔辞を書いてみる …… 020
20代の大目標は、ぼんやりしていていい

2 「エピソードノート」で自分の過去を固める …… 024
これが将来の最大の武器になる

3 その年齢で越すべきハードルから逃げない …… 028
35歳までに何ができる？
その後の人生の重圧に負けないために

4 人に左右されない「こういうがええんじゃ」を持つ …… 032
自分にとっていいものを知っている人は強い

5 トレンドを追いかけることをやめない……036
小学生に学ぶべきこと
6 気分を縦横にコントロールする……040
何に対しても動じない人には理由がある
睡眠が迷わない人生をつくる
7 「4分の1天引き貯金」で自分を律する……044
給与明細をチェックしていますか?
4項目にお金を振り分ける

第2章 「人間関係」の軸をつくる

1 〝36人の仲間〟を常に意識する……050
ダンバー数で人間関係を管理する
フォロワー数や「いいね」の数に負けない

信頼できる人を決めておくことの効用

2 自分だけのメンターをつくる……056
私の人生を変えたメンター
メンターとのつき合い方3箇条

3 一生ものの人脈をつくる……062
その人と、何年先までつき合えますか？

4 〝気持ちのいい距離感〟を保つ……066
自立してはじめて、他人の長所に気づく

5 〝東京タワー〟の視点を持つ……070
苦しいときこそ、高い場所や広いところへ行こう
自我を自分の味方につける

6 やんわり断る技術を身につける……074
軋轢を生まない「ポポネポの法則」
コツは「おっしゃる通りです！」

7 違う世代を拒絶しない
彼も人なり、我も人なり 080
8 今こそ両親と向き合う
親離れを迫られる瞬間
親に自分の将来を語る 084

第3章 「仕事」の軸をつくる

1 自分の仕事を「動詞」で規定する
私の動詞は「励ます」だった
「動詞」で軸をつくり、「形容詞」で自分らしさを決める 090
2 二番目に好きなものを仕事にする
私の夢が叶った最大の理由 096

3 残業は極力しない……100
アイデアは意外なところに潜んでいる
ビジネスの質は、公私混同で決まる
4 仕事か、作業かを見極める……104
一度、からっぽになるまでやる
どうすれば「量」を「質」に転換できるか
5 仕事は21日間で一気に仕上げる……108
基本単位は「1週間×3」
あえて好きなものを断つ
カレンダーにマルをつける
6 自己卑下・万能感・完璧主義を改善する……112
自己卑下の改善法
万能感の改善法
完璧主義の改善法

7 マナーの基本を完全に押さえておく …… 118
ビジネスマナーはなぜ必要？
結局、礼儀正しい人が選ばれる

8 「ありがとう」と言われる人になる …… 122
人の印象はこの言葉を言う回数で決まる
「雑用への姿勢」で人の真価は問われる

第4章 「言葉」の軸をつくる

1 個人全集を通読する …… 128
作家の言葉を自分の中に丸ごと入れる
20代にしかできない読書経験とは？

2 自分の言葉で「定義」する …… 132
「ブラックボックスワード」を減らそう

3 「理解語彙」を増やす……136
スマホがないと「思い」を伝えられない若者たち
何を言われても、まごつかない自分になるために
4 「教養語彙」を増やす……140
ものの名前を覚える格好のツール
5 「出だしの言葉」をストックする……144
私が集めた「出だしの言葉」
6 いいペンとノートを使う……148
書く言葉、選ぶ言葉に価値を持たせる方法
「3つのノート」のススメ

第5章 「逆境」を乗り越える軸をつくる

1 淡々と生きる、飄々と生きる …… 154
つらいときは淡々と、うれしいときは飄々と

2 逆境の中に次のステージを見出す …… 158
自分と向き合うきっかけを見逃さない

3 「ブラックエンジン」と「ホワイトエンジン」を常備する …… 162
片方だけでは危険すぎる
エンジンをスイッチするコツ

4 自分のパワースポットを持つ …… 166
神社は、自分の原点にかえる場所
そこがあなたの「安全基地」になる

5 失敗を、消す …… 170
過ぎたことに固執しない

6 失敗を、活かす …… 174
そこから何を学んだのか
目指すべきは、失敗して変化し続ける人

第6章 「人間の幅」を広げる軸をつくる

1 きれいなものへ自己投資をする …… 180
全ての経験は、感性を磨くためにある

2 その日の始まりに「達成感」を得る …… 184
達成感の積み重ねでしか、自信は生まれない
偉業を成し遂げた人は、みな早起きしている

3 「定点の旅」と「未知の旅」をする …… 188
世界で暮らせ、日本を歩け

4 何もしない日をつくる……192
積極的に「Niksen（ニクセン）」しよう

5 自分の年齢から20歳引いて考える……196
27歳は、小学1年生

6 「Doing」より「Being」を意識する……202
「Be（存在する）」に感謝できていますか？

7 きれいごとで勝負する……206
矛盾だらけの世の中だからこそ、「志」を高く

おわりに　40年越しの「志」を継いで

本文デザイン　石垣由梨（Isshiki）
DTP　一企画

第1章

「人生」の軸をつくる

「毎日同じことの繰り返し」「将来の自分が想像できない」「なんとなくいつも不安」……。そんなあなたに必要なのは、人生全体を俯瞰して眺めること。まずは人生の大きなゴールを決める。過去から強みを探し出し武器にする。人生に節目を設けてやるべきことを考える。そうすれば、これからの人生をどう歩めばいいか見えてくるはずです。

1 自分への弔辞を書いてみる

ハワイ大学名誉教授の吉川宗男さんから「死生学」という学問について聞いたとき、私は腎臓がんの手術を終えて、社会に復帰したばかりでした。

半年以上、死と隣り合わせの生活。「これからの人生をどう生きていこうか」と真剣に考えていました。そんな私に、吉川先生は言いました。

「ひきたさんが亡くなって、自分の葬儀のときに、友人が弔辞を読む場面を想像してください。そのとき、あなたは『どんな人で、どんな一生を送った』と言われたいですか。考えてみてください。実はその弔辞こそが、あなたの望む『人生の大目標』なんですよ。これが『死生学』のエッセンスです」

人生の終わりから逆算して、自分の人生がどうあれば幸せかを考える。最後には、こんな人間でありたい。そのためには、10年後にここまで行っていたい。となれば、5年後にはこれを獲得しておきたい。すると1年後までにこれを身につけておかなければ。**そのために、今日をどう生きようか……とバックキャスティングしていく。**

当時の私には、この考えがしっくりと肚に落ちました。しばらくは、会社の友人を弔辞朗読者に見立て、

「ひきたくん、君の一生は、多くの人に『言葉の力』を授けるものでした。君から『自分の思いを自在に言葉で表現する』ことを学んだ人たちが、どれだけ励まされたことか。やさしい言葉で書かれた君の本は、今や世界中で読まれています」

などと自分の弔辞を毎日自由に書いていました。

続けていると、「やりたいこと」が浮き上がり、しがらみでやっている仕事、悪影響しか及ぼさない人間関係が消えていきました。

人生の終わりを決める作業を通じて、今の生活が断捨離できたわけです。

20代の大目標は、ぼんやりしていていい

20代のあなたには、自分の葬儀なんてピンとこないかもしれません。

これまでは「○○大学に合格する」「○○社から内定を取る」「ノルマを達成する」など、短期間で成し遂げられる具体的な目標が多かったはず。それより長い目標となると、「そんな先のことはわからない」と考えるのが当然です。

しかし、スティーブ・ジョブズは若くして人生の目標を「宇宙を凹ませたい」「宇宙に響く鐘を鳴らしたい」とし、そこからのバックキャストで偉大な発明をしました。坂本龍馬は「日本を今一度せんたくいたし申候」と言い、アルバート・アインシュタインは「科学の厳しい天使たちに我が身を捧げる」と語りました。

よく見れば、どれも抽象的でぼんやりしています。しかし、それでいいのです。

20代は、人生の試行錯誤のとき。方向転換、一からやり直しが、許されているのです。社会や家庭に対する責任は、まだまだ軽い。若さゆえの間違いが許されるし、修復する時間も体力もあります。だからこそ、「自分が死んだときは、こう言われる人間にな

りたい」ということを、壮大なスケールで描いていい。ちまちまとした具体性など、逆に邪魔になります。

思い返せば、20代の私は、「文豪になる」と周りに言いふらしていました。何をもって「文豪」なのか。どんな小説を書くのかなど具体的なことは何1つ考えていません。残念ながら「文豪」にはほど遠いのですが、文筆業で食べる道に進んでいます。**「文豪」という大言壮語が、人生の方向を決めてくれたのです。**

これは風水で有名なDr.コパさんから聞いた話です。

「神様に、お願いするときは、『慶應大学医学部に合格させてください』と言ってもダメなんだよ。神様は、慶応大学を知らないからね。そうではなくて『病の人を救う人間になる』と宣言するんだ。すると神様は『それはいいことだ』と言って願いを叶えてくださる。ただし慶応に入るとは限らない。国連に入って活動するかもしれないし、政治家になるかもしれない。でも『病の人を救う』という宣言は叶うんだ」

私はこれを聞いたとき、「死生学」と同じものを感じました。

さて、あなたは友人からどんな弔辞を読まれたいですか。考えてみましょう。

2

「エピソードノート」で自分の過去を固める

ブレない人生をつくるために、今度は自分の過去に目を向けてみましょう。

これは、私が就活をしたときの体験です。今とは就活の事情が違うので比べようもないのですが、私は多くの企業から内定をもらいました。大学のOBから教えてもらった「エピソードノート」を書くことで、それが可能になったのです。

博報堂で働く大学のOBにエントリーシートを見てもらったときのこと。2日かけて書いたシートを一瞥して、先輩は言いました。「深みがない。君はこんなに薄っぺらな男なのか」と。正直言って、そこまで言われるほどひどいものとは思いませんでした。学生時代に取り組んできたこと、志望動機は過不足なく入っていました。

しかし先輩は、「誰もが書くようなことを書いても仕方がない」と言い、**「幼稚園から大学を卒業するまで、君はここまで何を学び、どんな価値観を身につけてきたのか。それをしっかり棚卸しするべきだ」と語気を強めました。**

先輩は仕事用ノートを開き、新しいページの左側に大きく「22歳」と書き、右ページに「1983年」と書きました。

「左ページに、22歳の君が考えたこと、体験したことを書く。右には、その年、世の中で何があったのかニュースや流行語などを交えて書く」と言いました。

そしてまた新しいページをめくって、今度は左に「21歳」、右に「1982年」と書きました。「今度は21歳のひきたくんが考えたことを書く。これを18歳、15歳、10歳、7歳、3歳と年齢分やっていく。記憶のないところは親にちゃんと取材しなさい」と言われました。これが「エピソードノート」です。

私は、このノートづくりに没頭しました。やってみると23歳ですでに、15歳、16歳あたりの記憶があやふやになっていました。逆に、「この本の影響で、今の考え方があるんだ」と発見もありました。なぜ広告のコピーに興味を持ったのかと言えば、大阪万博のとき、各パビリオンのスローガンを全部覚えた経験があったから。

小学4年生で覚えた企業スローガンが、今でもスラスラ出てくる自分に驚きました。

これが将来の最大の武器になる

就職面接の際、最後の質問で「あなたの好きな歌は何ですか」と尋ねられました。

私はすかさず頭の中のエピソードノートを開き、「エルトン・ジョンのYour Songです」と答えました。「理由は、この歌はラブソングでありながら完成していません。彼女に歌をつくるためにずっと考え続けているという歌です。私は、『好きな人をずっと考え続けている』以上のラブソングを知りません」と即座に答えました。試験官が思わず「いい話だねぇ」と言ったとき、「エピソードノート」の威力を知ったのです。


「エピソードノート」が活躍するのは、就活のときに限りません。むしろ、社会に出てからのほうが、役に立ちます。

例えば、はじめて部下を持ったときのこと。どのような態度で接すればいいのか非常に迷いました。そんなとき、「エピソードノート」に「おだてず、媚びず、心を込めて具体的に褒める」という言葉を見つけました。先輩の昇進祝いの席で乾杯の音頭を取った人のスピーチにあった言葉です。心が動いて、ノートに書き込んでいたのです。これを読んで「そうだ、褒めポイントを見つける努力をしよう」と思いつきました。

また、何年も続いたCMが突然、打ち切りになったことがありました。自分の慢心を悔いています。その横に「『まぁいいか』『まだ大丈夫』は、もう危険」と書いています。読み返すと当時の悔しさや恥ずかしさが蘇ってきます。38歳にして「ラーメンの替え玉まで食べられなくなった」と嘆いたりもしています。

こういう自分の経験談や、失敗を通して出た本音が社会に出るとコミュニケーションの潤滑油になったり、仕事の指針になるのです。

ブレない人生をつくるためには、自分の過去を徹底的に分析し、自分の武器にすることです。自分の過去ほどオリジナリティに溢れ、人の興味を引く話はありません。

過去の自分とそれを生きた時代を「エピソードノート」で結びつける。過去は、人生の土台です。そこがブレないように、しっかり固めていきましょう。

3 その年齢で越すべきハードルから逃げない

大学時代、運転免許を取得することにずっと躊躇していました。働き始めたらまとまった時間がないことは予想できる。わかってはいるけれど通うのが億劫でした。金を出してやると親が言うのに腰を上げない私。父が見るに見かねてこう言いました。

「いいか、よしあき。人生にはその年齢で超えなくてはいけないハードルがある。英語の勉強をあとからしようと思っても、そうはいかない。運転免許もあとから取ろうと思っても、取れない。社会人は、甘いもんじゃない」

そう諭されて、やっと重い腰を上げました。

人生にはその年齢で飛び越えなくてはいけないハードルがある。20代でいえば、一般的には、学校を卒業し、仕事に就き、自活を始めると言ったことでしょうか。20代だからできる旅行、読書、パートナーとのつき合い方、専門スキルを身につけることなどもあるでしょう。「超えなくてはいけないハードル」を考えると、心が重くなりました。社会人になってから免許を取りに行く時間をつくるのは至難の技です。英語の勉強もバックパッカーとして旅することも1年、1年難しくなります。

もっと先の未来を考えれば、やるべきことはやっておいたほうがいい。先送りするクセがつくと、課題が山積みの人生になってしまいます。

35歳までに何ができる？

では、どうすればその年齢で越すべきハードルを越すことができるのでしょうか。

私は、村上春樹さんの『回転木馬のデッド・ヒート』（講談社）に収載されている短編『プールサイド』にその方法を教えてもらいました。この物語では、人生を「35歳で折り返すプール」に例えています。35歳までは往路。70歳までを復路とする。人生

100年時代と言われても、社会的な活動を元気にできる年齢の平均は今でもこんなものでしょう。読んだ当時、私は25歳でした。「35歳まで、ぴったり10年ある」そう考えた私は、「越さなくてはいけないハードル」をこの10年間に並べてみました。「一人前に仕事が回せるようになること」「海外経験を積むこと」「結婚すること」「マンションを購入すること」「貯金すること」。

そのハードルを1つひとつ越すようにしていくと、手応えが変わりました。時間などいくらでもあると思っているのと、「前半はあと10年だ」と思って生きるのでは明らかに成果が違ってきました。仕事で自分の企画を通し、海外経験を積み、28歳で結婚。翌年にはマンションを購入。35歳までの往路は、成功でした。

その後の人生の重圧に負けないために

さぁ、勢いよくターンして、人生の復路も元気に泳ぐぞ！　と思った。ところが復路になると明らかに往路とは景色が違います。

社会的な責任は厳しさを増し、逃げ場がない。家庭生活がままならなくなり、離婚。

好きだったＣＭ制作の現場を離れ、行政の仕事を担当することになりました。シンクタンクの客員研究員になった頃から大学で講義をする機会も増える。そこに東日本大震災です。往路では考えもしなかったことが次々と起こります。非難されることも増えて、つくづく20代には許されることが、30代を過ぎると許されなくなる現実にぶち当たりました。

復路は、ノンコントロールです。結婚し、子どもができ、部下もできれば、自分の力ではどうすることもできない運命に翻弄され始めます。仕事の責任も重くなり、自分の裁量次第で、部下や会社の運命まで変えてしまいます。

「20代だから許されること」はもうありません。これに耐えるには、往路で越すべきハードルから逃げず、自己基盤を固めるしかありません。

あなたは今、何歳でこの本を読まれているでしょう。20歳なら15年、29歳ならあと6年。あなたは、35歳の折り返し地点までの時間を持っています。そこに往路で越すべきハードルを並べてください。そのハードルは人によって違いますが、私がおすすめするのは、「本を読む」こと。振り返ればこのハードルが、私には一番役立っています。

4

人に左右されない「こういうがええんじゃ」を持つ

人に何かを言われても、自分の意見を曲げずに貫くことができる。多くの人が反対しても、自分の正統性を主張し続けることができる。確かに理想ではありますが、果たしてどれだけの人がこんな強さを持っているでしょう。私は、「意思」など弱いのが普通だと考えています。特に恥じるようなことではありません。

CMプランナーの仕事を始めた頃の話です。3方向のアイデアを持って私がプレゼンしました。おすすめは、A案だったのですが、得意先はC案のほうがいいと言う。私があっさり「C案もおすすめです」みたいなことを言ったので、あとから随分、先輩に叱られました。

「今から、大人でもできるような仕事をするな」

以後、すぐに自分の意見を曲げて、相手に合わせることを揶揄されて「和解のひきた」と呼ばれました。

自分の意見をすぐに曲げて和解に持っていくという情けないあだ名です。

自分にとっていいものを知っている人は強い

こんな時代に手にした本がありました。志賀直哉の『清兵衛と瓢箪《ひょうたん》・網走まで』（新潮文庫）に収載されている短編『清兵衛と瓢箪』です。

清兵衛は12歳ながら、酒を入れておく瓢箪をつくることに熱中している。毎日毎日磨いているんだ。でも、彼が磨くのは実に平凡な形のものばかり。大人どもは、面白い形をしたものや有名な人の作品をいいと思っているから、清兵衛の磨く瓢箪を見て「子どもだからわからないんだろう」とバカにするんだ。そのとき、清兵衛は必ずこうつぶやいた。

「こういうがええんじゃ」

そんな奇妙な形のものや偉い人のつくったものがいいのではない。「今私が磨いているこの平凡な瓢箪がいいのだ」ということを、清兵衛はこう表現した。

やがて清兵衛の瓢箪は、心のない教師に取り上げられる。捨てるように言われた用務員さんが、隠れてそれを店に売りに行く。大したものじゃないと思っていたのに「50円」で売れた。そればかりかその店の主人はこれに「600円」の値段をつけた。

こんな話です。これを読んで、私は考えました。

「私に足りなかったのは『こういうがええんじゃ』だ。すぐに締め切りまでの時間や相手の顔色を読んで言い訳を考えてしまう。しのごの言わずに『こういうがええんじゃ』と言い切ることを怖がっていた」、と。

この「こういうがええんじゃ」は、自分の価値観です。人の意見に左右されない自分のものさしです。人の意見も世の中の潮流も何ら関係ない。自分さえよければいい。**自分に「軸」のある人は、「こういうがええんじゃ」をたくさん持っている。人の目ではなく、自分にとって、いいもの、大切なもの、必要なものを選ぶ力がある。だからこそ「こういうが悪いんじゃ」と自分に合わないものを排除する力も持つことができる。**

私は志賀直哉の短編集にそんなことを学んだのです。

それから少しずつ「こういうがええんじゃ」を増やしていきました。食べるものも映画も、仕事も人も「こういうがええんじゃ」と呟きながら選別しているうちにだんだんと自信がついてきました。

自分の意見をなかなか持てない20代のあなたには、こだわりをつくるためのキーワード「こういうがええんじゃ」と呟くことをおすすめします。自信がつきますよ。

5

トレンドを追いかけることをやめない

「歳を取ったからと言って、若い人たちの情報を追いかけなくなったら老いるだけ」

7つ年上の従兄弟からのメールの一文です。若い頃から新しいもの好きで、音楽も映画もファッションもなんでも流行を追いかけていました。

数年前のお正月に会ったとき、忙しさを理由に、映画も本もドラマも何1つ見ていない私に呆れた様子でした。「いや、もう私はターゲットじゃないし」と弁解している私に、送ってくれたのがこのメールです。反省しました。

自分が世の中のターゲットから外れてきたなと感じたのは、30代になった頃でしょうか。10代の子の聴く音楽がわからなくなり、新しく出てきたタレントの区別がつかなくなりました。話題の新刊に感動できず、映画を観るのが億劫になりました。好奇心の摩耗が始まりました。

時代は容赦をしません。ネット社会に突入し、猛烈な勢いで生活が変わった。デジタルイノベーションの進化のスピードは目まぐるしい。つい、「もういいよ。私はそんなに新しいことは求めない」と敗北宣言し、時代の流れに背を向けたくもなります。

しかし、この態度は間違っています。

まずは、1つだけでいい。ネットのトレンドワードでも、映画でも本でもB級グルメでも構いません。自分の好き嫌いだけで判断するのではなく、「今の世の中はこういうものが好かれるんだな」「これは新しい！ 見たことないぞ」とトレンドを意識する。

マンガについてのトレンドを追いかけていれば、映画の流行にも鼻が利くようになります。「トレンドを追いかけるなんて馬鹿げてる」と思わないで、流行に対するフットワークを軽くしておけば、日々世の中が動いていることがわかる。20代から「老人のような感性」にならずにすみます。

小学生に学ぶべきこと

自分の好奇心が復活したのは、小学生から大学生まで教えるようになってからです。各年代の好きな音楽、今読んでいる本、好きなこと、好きなものを聞いていると自分がいかに時代についていけてないかがわかる。私ばかりでなく現在の大学生であっても、小学生たちの感性についていけてないこともわかりました。

一例を挙げます。今の小学生たちが大きな関心を寄せるには、「ＳＤＧｓ（持続可能な開発目標）」です。現在の中学受験では、２００校弱もの中学がＳＤＧｓに関する筆記問題を出題しています。一般的に読まなくなったという新聞を、今の子どもたちは読んでいる。生徒のほうから学校給食のストローについて「ＳＤＧｓに照らし合わせると使うのはおかしい」という声が上がったりもします。

とある小学校の校長先生は、「今の大学生以上は、デジタルネイティブの子どもたちでした。しかし今の子どもたちは違います。デジタルは日常です。次の世代は『ＳＤＧｓネイティブ』です。世界共通の課題を学び、小さい頃から社会的な行動を起こしてきた子どもたちが、これから消費を変え、経済を変え、世の中を動かしていくのです」と語ってくれました。

20代といえども、決してトレンドの中心にいるわけではありません。世界の動きと次世代の考え方に敏感になること。好奇心を様々な方向に向ける腰の軽さが必要です。

20代までの私はついていけました。しかし歳を重ねるごとに、自分が時代からズレていくのがわかる。社会に対する好奇心を失わず、若い世代から吸収する真摯な姿勢を失わずにいることの大切さを、今だからこそ思うのです。

この本を書くにあたり、私は10代、20代の人たちの話を随分参考にしました。彼らの書く文章は、途中に「#（ハッシュタグ）」のようなキーワードが何回も出てくる。また、二重敬語とバイト言葉が一緒になった敬語表現も多い。おいしいものを食べたときの「やばい！」と「うま！」にも微妙な違いがある。これらを単なる日本語の乱れと捉えず、「言葉のトレンド」として眺めることで、新たな発見がありました。

トレンドを追いかける。それは流行を追いかけるものではなく、社会の流れを意識しているという意味です。若い今だからこそ、怠らないでください。

6 気分を縦横にコントロールする

学生時代、文学を志していた私の周辺に、明るい人はあまりいませんでした。アンニュイ（倦怠的）で不愉快。常に世の中を斜めに構えている人が「高尚」とされていました。

文学に漂うこの雰囲気は、『パリの憂鬱』を書いた詩人ボードレールがつくり出しました。「最先端の近代的な都市で過ごす気分は憂鬱なもんだ」と詩に書いたのです。

日本では夏目漱石がこの気分を伝えました。米が稲からできることすら知らなかった東京人・漱石は、東京大学で「不愉快」について講義しました。『ガリバー旅行記』を書いたスウィフトの文学がいかに厭世的だったか。こんな不愉快な文学はないと学生たちに教えるのです。このようにして、エリートが醸し出す都会の憂鬱な空気ができ上がっていったと私は考えています。

文学を学んでいた私が苦手だったのは、このほの暗い雰囲気でした。明るく笑っていると「いいよなぁ、お前は呑気で」と言われる。厭世的な雰囲気、世の中やものごとに肯定的な評価を下すことを低く見る。それが好きではありませんでした。

この厭世的な雰囲気は、形を変えて今でもあります。小学校から中学に上がったとたん、元気で、やる気のある子が疎んじられる。「うざい」「うるせぇ」「めんどくせぇ」と言っていないと仲間外れになる。それが怖くて斜めに構えるポーズをつくっているうちに、抜けられなくなってしまう。無論、個人差や地域差はありますが、どうにも若い一時期は、アンニュイな気分に必要以上に浸りたくなるようです。

何に対しても動じない人には理由がある

できるなら、この厭世的な気分から抜け出したいものです。無理をして「明るくしろ」「なんでも肯定的に見ろ」と言っているのではありません。学生時代に身につけた不愉快に世の中を見るメガネを外してみる。**そして客観的で中立な立場から自分の判断基準を高めていく。この姿勢を保てるようになると、人生に迷わなくなります。**

例えば、飲食店でカレーライスを食べたとします。ＳＮＳの書き込みには、「接客が悪い」「野菜の量がメニューより少ない」とあります。そんな意見に左右されてはいけません。あなたの舌と目で、店や料理の判断をしてください。否定的な気分に陥ることなく、中立の立場から判断するのです。斜めに構えることをやめ、自分の尺度で判断することを積み重ねていくうちに、他人の意見で迷うことが少なくなっていきます。

イギリスの伝統的な紳士たちは、「ニル・アドミラリ（Nil admirari）」というラテン語を１つのものさしにしていました。これは「何ごとにも動じない」という意味です。

作家の開高健さんは、ジェントルマンであるためには、「おだやかなることを学べ（Study to be quiet）」と言っています。

私も人に感情を左右されないジェントルマンでありたい。そう考え、「おだやかな人」になるよう努めました。滅多なことで怒らない。不服そうな態度も、むやみにはしゃぐこともやめて気分をコントロールする。これが「大人になる」ことだと私は考えます。

睡眠が迷わない人生をつくる

気分をコントロールする上でもう1つ大切なことがあります。それは睡眠です。

私は、「自殺防止」の仕事をした経験があります。このとき、人は「病気」「金銭問題」「人間関係」「仕事の失敗」「疲労」「寝不足」などの問題が4つ以上重なったときに命を断とうとする傾向が強いことを知りました。例えば、「仕事に失敗して、金銭的に行き詰まって、人間関係に疲れ、夜も眠れない」と4つ以上の要素が重なって自分を見失ってしまうのです。

その中で、**どんな原因であれ、必ず共通して入ってくる要素がありました。それが「寝不足」です。眠れない日が続くことによって、人は迷いが生じ、希望を失い、自暴自棄になり、衝動的な行動に出やすくなります。**睡眠は、迷わない人生をつくるためにもっとも大切な要素であると肝に銘じてください。

「人生に迷ったら、寝る」。おだやかな笑顔も、自分の尺度で判断する能力も、睡眠不足では発揮できません。若さに任せることなく、寝る時間を確保しましょう。

7

「4分の1天引き貯金」で自分を律する

高校時代に読んでいた『知的生活の方法　続』（渡部昇一著　講談社現代新書）は、私に大きな影響を与えた一冊です。この本の中に「4分の1天引き貯金法」というお金を貯めるコツが載っていました。給与の4分の1を先に貯金し、残りのお金で生活をするというもの。読んだ当時、たくさんのアルバイトをやっていた私は、学生の割にはお金があった。そこでバイト料の4分の1を素直に貯金して暮らしていました。

ところが勤めてみると、これがままならないのです。バブルの頃ですから、何から何までゴージャスでどんどんお金が出ていきました。

あっという間に貯金はなくなり、キリギリスのような生活をしていたとき、駅の階段から落ちて足を骨折してしまいました。会社を休まなくてはなりません。医療費がかかります。歩けないのでタクシーも必要になりました。そのときにはじめて「貯金」の意味がわかりました。人生は自分が思った通りになんていかない。アクシデントや不幸がいつ降ってくるのかわからない。悪いことばかりではありません。急に海外転勤になって英語を学ぶ必要に迫られるケースもある。

こうした不測の事態が起きたときの精神的なゆとりと、具体的なアクションを起こすことができるように「貯金」は必要なのです。20代から老後のことを真剣に考えて縮こまる必要はありません。しかしチャンスであれ、アクシデントであれ、お金で解決できることがある。それを知るのも20代です。

お金を貯めるには、我慢が必要です。人の誘いを断る勇気も求められます。お金を貯めることで、自分を律する力も強くなっていく。その分「ここが勝負だ！」というときは、惜しむことなくそれを使う。20代には稼ぐ時間がたくさんある。だからこうした勝負が許されるのです。

給与明細をチェックしていますか？

「使うお金に制限を設けて自分を律する」。そのために、まず自分の給料明細を真剣に見ましょう。そこに示された数字が「お金」という尺度で測られたあなたの「市場価値」です。残業をどれくらいして手取りがいくらかを毎月必ず見るようにします。

その上で、健康保険、厚生年金保険、雇用保険、所得税、住民税、会社で行っている財形貯蓄など、自分が支払っている金額も把握します。今は、1つの会社に勤めず、「パラレルキャリア」としてたくさんの仕事を持っている人も多いでしょう。働き方は様々ですが、自分が稼いだお金を細かく見ていく習慣は身につけたいものです。自分の市場価値がわかっていれば転職を考えるときに大いに参考になります。

4項目にお金を振り分ける

自分の収入を眺めた上で、大きく4つに使い道を分類しましょう。

1.「生きるためのお金」

日々の生活費です。家賃や食費、美容代、日用品、医療費などが入ります。

2. 「人のためのお金」

交際費や慶弔費など、人づき合いに必要なお金を割り振りましょう。

3. 「学ぶためのお金」

20代は特にここに力を入れてほしい。本を買う。旅行する。セミナーに通う。資格を取る。自分を向上させることを目的とした項目を充実させてください。

4. 「未来のためのお金」

チャンスやアクシデントに備えるお金です。興味があれば、株やFXなど投資をしてもいいですが、リスクが伴うことも忘れずに。できれば、気軽に本音でお金の話のできるファイナンスに詳しい友人を共に持つことをおすすめします。

生きる、つき合う、学ぶ、備えるためお金で、自分の市場価値を高めてください。

「人生」の軸をつくる

1 「自分への弔辞」が人生のブレない指標になる

2 「過去のエピソード」ほど人を惹きつけるものはない

3 「35歳までにしておきたいこと」を明確にする

4 「自分さえよければいい」と言い切る強さも必要

5 自分の興味がないことにこそ、大きな発見がある

6 「否定的な視点」を「中立的な視点」に変える習慣を身につける

7 「自分を律する力」を貯金で育む

第2章

「人間関係」の軸をつくる

20代の悩みの大半は、人間関係です。学生から社会人になると、世代の違う人、価値観の違う人、気の合わない人ともつき合わなくてはなりません。この章では、20年先までつき合える人脈のつくり方、他人とのちょうどいい距離の取り方、自分を守るための断り方などについてお伝えします。

1

〝36人の仲間〟を常に意識する

「小学校の卒業アルバムをいつも近くに置いておくように」

コピーライターになったとき、ＯＪＴの先輩から言われた言葉です。

「ええか。世間というのは広いように見えて狭い。それは、小学6年生のときのクラスメイトが散らばっているようなもんや。小学校を卒業する頃にはその人の性格がだんだんと出てくる。不良になる奴もいれば、オタクに走る奴もいる。異性の気を引くのに必死な子もいれば、気が弱くてクラスに馴染めない子もいる。そういう1人ひとりを思い出して、その子にどう言えば買ってもらえるか、理解してもらえるかを考えながらコピーを書くんや」

そんな教えでした。段ボールから古い卒業アルバムを出してきて、眺めてみる。随分と時間が経っているのに、確かに1人ひとりの性格が思い出される。それから私は、小学校のアルバムを開いて何本ものコピーやコラムを書きました。小学生向けのコラムが『大勢の中のあなたへ』（朝日学生新聞社）というタイトルなのも、ここに由来しています。私の文章の多くは、小学校のクラスメイトに向けたラブレターなのです。

ダンバー数で人間関係を管理する

この先輩のアドバイスを裏づけするような本を読んだのは、30代の終わりの頃でした。『ことばの起源』（ロビン・ダンバー著　青土社）。サルの生態から言葉の誕生までを紐解いた進化心理学者の説によれば、サルの時代から人間の社会的ネットワークは「3の倍数」でできているとのこと。その数を「ダンバー数」と言います。

サル山で群れをなすサルの集団の多くが、36匹前後で構成されている。この人数だと、夜中に誰かが起きているので安心して眠れるそうです。

自分を入れて、36人。これって小学校のひとクラスに近い数字です。このくらいの人数ならば、１人ひとりに目を配りながら効率的に授業を進めることができる。

私の中でこのロビン・ダンバーが示した「ダンバー数（３の倍数）」と卒業アルバムに向かってコピーを書く行為がぴたりと重なりました。そして、この36人の社会的ネットワークを人間関係の「軸」の基本に置くようにしたのです。

この自分を含めて36人の仲間は、「仲よし」に限りません。ライバルもいれば、口うるさい意見を言う人もいる。年上の人もいれば、もう何年も会っていない旧友も入ります。あなたに影響を与える「小さな社会」と考えてください。

小学校の卒業アルバムほどの人数ですから顔や名前を覚えることができます。「吉田さんと田中さんは、この意見に賛同してくれるはず」「山村さんは、きっとこんな反論を言ってくるだろうな」と顔を思い浮かべながら「１人学級会」をつくる感じです。

私には５０００人近くのFacebookの「友だち」がいます。その人たちに向けて、毎日コラムを書いています。書くときに意識するのは、いつも有益なコメントを書いてくれる35人の「友だち」です。「あの人は、私の意見にこんな話をつけ加えるはず」「あの人は、きっと具体例を示してくれる」などと顔を思い浮かべながら書いていく。漫然と5000人に向けて書くより確実に人に届く文章になります。

フォロワー数や「いいね」の数に負けない

なぜこんなことをするのか。

SNSの時代は、つい「いいね」や「フォロワー」の数で評価を下してしまいます。実際にその数が多いほど儲かる仕組みになっている。しかし、YouTuberを見ていても、必ず足をすくわれるのは、この「数」です。

「フォロワー数」や「いいね」を増やそうとするあまり、媚びる発言が増えたり、甘い調査のデータを発表してしまう。人数が増えたことで、心に万能感が芽生え、虚勢を張ったり、他人をコントロールする欲に溺れてしまう。こうして消えていった人のなんと多いことか。

ニューヨーク大学のスコット・ギャロウェイ教授は、SNSの数の力を「ポケットの中のドーパミン点滴」と言いました。その通り。今の時代、誰だって「もっとたくさんの人に認めてほしい」という気持ちから、ドーパミン点滴を打ちまくりたい欲求に苛まれているのです。

しかし、「36人の小さな社会」をつくっておけば、数に一喜一憂する必要がなくなります。ときに心ない誹謗中傷を受けても、36人の社会以外の人でしたら、心の中で部外者の発言と割り切ることができます。

信頼できる人を決めておくことの効用

20代のあなたも、この「ダンバー数（3の倍数）」を活用してください。

まず、あなたに影響を与える2人の友だちを選びます。いつも一緒にいるとか気が合うという基準ではなく、あなたを向上させる意見をくれる人です。

次に、6人に広げてみましょう。同期、先輩、高校時代に部活でお世話になった監督などが入ってくるかもしれません。9人ともなれば、口うるさいけど時折いい意見を言ってくれる上司や得意先が入る人もいるでしょう。あなたなりの「小さな社会」

を考えます。**この際、嫌いな人や、あなたの足を引っ張る人は入れないように。ダンバー数の基本は、外敵から身を守るための「サル山」です。群れとして動くとき、裏切る可能性やあなたを非難するだけの人を入れるのは危険です。**

また、35人を固定する必要はありません。今日、素晴らしい意見を言ってくれる人に会ったら、その人を仲間に入れる。その代わり、このところ音沙汰ない人を外に出す。より質の高い「小さな社会」をつくる努力をするのです。こうしていると人に会ったときに「この人には入ってほしいな」「この人は入れなくてもいい」と人を見る基準ができます。ダンバー数で自分の人間関係を整理できるようになるのです。

私たちをとりまく社会は大変複雑で、もはや毎日が神経戦です。この環境で、出会う1人ひとりの言動や感情に左右されていたら、間違いなく心を痛めてしまいます。また数の力で人気や実力を図るネットの時代だからこそ、数の多い少ないに一喜一憂するなかれ。あなたにとって大切な35人を常に意識して、自分の人間関係を管理する。「36人の小さな社会」をつくって仕事やプライベートを眺めるようにしましょう。

2 自分だけのメンターをつくる

人生の中で、あるとき突然、ステージが上がる瞬間があります。1つも聞き取れなかった英語が、ある日を境に全部聞き取れるようになった。そんな感覚です。顧みればそのときは、必ず師匠のような人がいました。「こんな人になりたい！」と憧れる存在がありました。

浪人して予備校に通っていた頃、上から下まで黒い服を着た国語の先生がいました。「私は、鴨長明はインチキだと思います」という偏見に満ちた発言をしながらその魅力を語る。受験が差し迫った1月に、谷崎潤一郎の『刺青・秘密』（新潮文庫）に収載されている短編『刺青』について「倒錯愛は、主従が最後に逆転する」と語り出しました。

受験勉強のピークのときに、女体に彫り物をする物語を読んで、しばらくボーッとしたのをよく覚えています。当時の私は、大学に合格する以上に、「この国語の先生のようになりたい」という気持ちが強かった。いっぱい本を読んで、不思議な解釈で人を魅了する。そんなことを語り、書ける人間になりたいと思っていました。受験当日、私は上から下まで黒い服装で臨みました。先生に憑依してほしかったのです。

私の人生を変えたメンター

大学に入ると、NHKアナウンサーの鈴木健二さんが目の前に現れました。当時、『気くばりのすすめ』(講談社)が大ベストセラー、彼が司会をする「クイズ面白ゼミナール」も高視聴率を叩き出していました。まさに「時の人」でした。

最初に言われたのは、「お箸をちゃんと持ちなさい」でした。いきなり言われて驚きましたが、「社会人になる前に、人としての基礎はちゃんと身につけておくこと」という話をされました。「君の書く『シ』と『ツ』は読みにくい」と言って、紙に「シ」と「ツ」を書いてくれました。長くそれを手帳にはさんでお守り代わりにしていました。

とにかく忙しい人でした。これだけテレビ番組の収録がある。しかも鈴木健二さんのセールスポイントは、圧倒的な記憶力です。どんな長い数字でも記憶してスラスラ言える。それが魅力でした。普通の人ならもう手一杯なのに、年間に何冊も本を書いている。パソコンのない時代だからすべて手書きです。デスクに行けば高い壁のように本が積まれていてそれも読んでいる。どうしてそんなことができるのかと不思議に思っていたら、「タクシー移動の最中でもお礼の葉書の一枚は書ける。そのくらいの気持ちでやっていけば時間はつくれるものだ」と言われました。

私は、この「時の人」に憧れました。「こんな人になりたい」と思いました。

もし鈴木健二さんとの出会いがなければ、広告会社に勤めながら、執筆活動や講演をすることはなかったでしょう。二足の草鞋の見本があったからこそ、私はなんとかやってこられました。

メンターは、先生ではありません。先生は、知らない知識を教えてくれたり、進路についての助言をしてくれます。しかし、メンターは、こちらが一方的にメンターと思っているだけなのです。だからメンターは、極めてパーソナルなもので、他の人が敬愛するメンターが自分に合うとは限りません。**息苦しくなるほど「こうなりたい」と思ううちに、「あの人ならこういうときにこう動くだろう」と考えるようになる。自分の中に、自分とは別の価値基準が生まれる。それがメンターの役割でしょう。**

自分に合ったメンターをどうやって探していけばいいか。

私の時代はもっぱら本で、知らない世界に導いてくれる人を探し求めたものです。『竜馬がゆく』(司馬遼太郎著 文春文庫)を読んで、坂本龍馬を人生のメンターにする。こうした読書経験から、実際に会う人の中からメンターを選ぶ基準ができていきました。

今は、動画で簡単にメンターを探すことができます。言動はもちろん、その語り、しぐさ、性格、意識の高さなどを感じて、「あぁ、こういう人になりたいな」と「こういうことをやってみたいな」と思えばいいのです。

動画でメンターを探すメリットはまだあります。しばらく見ていると、偽物に気づくことができる。「結局、登録者数を増やすことしか考えてないな」「動画を撮ることばかりに気がいって、実際の仕事はダメそうだな」と判断する力がついてきます。甘い言葉で巧みに、人を気持ちよくさせるだけの自称「メンター」や「メンターエンターテイナー」もたくさんいますから、気をつけてください。

メンターとのつき合い方3箇条

メンターが見つかったあとは、以下を心がけてください。

1.「会えるメンターには積極的に会いに行く」

メンターは「憧れの存在」でもあります。アイドルを神格化するように、自分で都合のいい偶像をつくり上げてしまう可能性があります。機会を見つけて頻繁に会いに行きましょう。動画で探したメンターも、サロンや勉強会を主催するケースが増えているので、積極的に活用してください。遠くから見るだけでも動作や気づかいから学ぶことがあるはずです。

2.「メンターにも欠点があることを知っておく」

メンターは人間です。聖人君子ではありません。当然、欠点がある。ときには、世間からは非常識と思われる人もいます。しかし、それがメンターの個性であり、長所を照らし出す鏡なのです。欠点があることを認め、下手に教祖化しないように心がけましょう。

3.「メンターは複数いてもいい」

考え方は様々ですが、私は複数のメンターがいていいと考えます。坂本龍馬がわずかな時間にあれだけの大仕事を成し遂げられたのは、勝海舟、河田小龍、西郷隆盛、横井小楠とたくさんのメンターを渡り歩き、力をつけたからです。素直に感動でき、学ぶものがあれば、「この人のようになりたい」と思える人は何人いてもいいのではないでしょうか。

人生は、学びの連続です。スポーツであれ、学問であれ、早く確実に次のステージに上がっていくためには、何歳であっても、その先を指し示してくれる人が必要です。人生の師が見つかれば、あなたの人生のブレは驚くほど少なくなるはずです。

3 一生ものの人脈をつくる

父が転勤族だったもので、小学校だけで3回転校しました。友だちをつくっても、すぐに別れのときが来る。この体験が強烈だったせいか、長くつき合える友人に憧れていました。残念ながら、学生時代の友人にその手の人はいない。旧友としてのつき合いはありますが、今に影響を与えるような人脈はつくれませんでした。

私の人脈の大半は、20代の、それも会社員になってからの人ばかり。20代に知り合った人たちが、30年近い月日を経て、未だに現役で相談に乗ってくれたり、仕事をサポートしてくれたりしています。

長くなった交友関係を見てみると、実にスポンサーが多いことに驚きます。広告会社とスポンサー先という枠を超えて、今でもおつき合いしている。

離婚するときも、がんを患ったときも、まず相談に乗ってくれ、具体的なサポートをしてくれたのは、元スポンサーの方々でした。ありがたい話です。

学生時代の仲間と違い、スポンサーとは利害関係で結ばれています。仕事を前に進めるには、常に「知恵」という手土産を持って相手に接し、共通の見解を持てるように説得しなければいけません。修羅場は何度もありました。しかし、そうしているうちに、やがて人や組織、世の中を動かす同志のような関係になり、同じ夢を追いかけるようになります。

一度、同志になると、そうは簡単に別れられない。これが20年先までつき合える人脈をつくる秘訣なのです。

その人と、何年先までつき合えますか？

若い頃、何度か異業種交流会にも出席してみました。様々な会社の名刺が集まり、その中から幾人かを集めて、勉強会のようなものをつくったこともあります。

しかし、半年と続いたものはありませんでした。今から思えば当たり前です。1つの目標に向かって、運命を共にしたことのない仲間は「仲よしクラブ」のようなもの。集まったメンバーの誰にとっても優先度の高い会合にはなり得ないでしょう。

また、こういう集まりで重要視されるのは、「どんな職種の人か」「どんな肩書きを持っているのか」ということです。

経験で言えば、20年のつき合いになる人脈は、「得意先」であっても人間勝負。職種も肩書きもどうでもいいという関係になってこそ続くものなのです。

もしあなたが20年先までつき合える人脈をつくりたいと考えるなら、左記の3つを心得てください。

1. 知恵や解決策を持って「ひと肌脱いでやる」という気持ちがなければ、人脈はつくれない。まずは、自分の武器を明確にすること。その上で、こちらから相手のためになることをしようとする心意気を持つことです。

2. 数は求めない。業種や肩書きにはこだわらない。3年と同じ肩書きに留まる人はほとんどいません。今は転職も多く、業種もどんどん変えていく人が多いのです。それに惑わされることなく、やりたいことを聞き、その同志に自分がなれるかどうかを基準にしてください。

3. 縁があったらまた会えるくらいの気持ちでいること。長いつき合いになれば、会えない時期もあります。3年、5年と会えないことなど当たり前のようにあります。しかし、そこで交友を終わらせない。わずかなメッセージのやり取りだけでも、繋げておけば、再び繋がるものです。細く長く「縁」を繋いでいくことを心がけましょう。

あなたが社会で生きていく中で、社会的責任をずっしりと背負うようになったときに助けてくれるのは、20代につくった人脈です。同志を大切に育ててください。

4 〝気持ちのいい距離感〟を保つ

福沢諭吉のつくった慶應義塾大学は、「独立自尊」を基本精神に謳っています。「自他の尊厳を守り、何事も自分の判断・責任のもとに行うこと」。慶應義塾大学の先生と話したとき、「要するに、『自分のことは自分でやる』ということです」と教えてくれました。かなりの意訳ですが、私はこの言葉が気に入りました。

「独立自尊」＝「自分のことは自分でやる」。まさにこれこそが若いうちに身につける根本ではないか。20代の人間関係を考えたとき、まずは自分に「独立自尊」の軸があることが大切に思えるのです。

1人暮らしを経験した人ならわかるでしょう。仕事を終えて、夜部屋に戻ると、朝出て行ったままの状態です。食器を洗わなければ、洗ってないまま。ベッドメイキングをしなければ、朝、抜け出した状態のまま布団は冷たくなっています。実家で暮らしていれば母親が洗濯物をきれいに畳んでおいてくれていましたが、そんなのは夢のまた夢。自分で洗い、自分で畳まなければなりません。

しかし、ここで「独立自尊」です。自分のことは自分でやる。家事も健康や金銭の管理も全部自分でやる。生活にまつわる様々なトラブルも自分で解決する。人をあてにするから腹が立つのです。

毎日の生活に「自分の判断・責任のもとに行うこと」が当たり前になったとき、人を頼りにしない人間関係をつくることができるようになるのです。

誰かの助けがなければできない。仕事でもプライベートでもこれを極力減らしていく。仕事でわからないことがあってもすぐに投げずに、まずは自分で考えてみる。「これは、私には無理です」と諦めない。「独立自尊、独立自尊……」と心の中で唱えて、自分を強くしていく。まずはこうして「自分のことは自分でやる」体質ができてから、本当の人間関係が始まるのではないでしょうか。

よく「私は自己肯定感が低い」と言う人がいます。

これを解決するのは、高名なセミナーに行くよりも、自分で料理をしたり、トイレ掃除をして小さな達成感を味わうことです。「あ、私にもできることがある！」、この積み重ねでしか「自己肯定感」は味わえません。

自立してはじめて、他人の長所に気づく

「自分のことは自分でする」。その気持ちが肚に収まったところで、周囲を眺めてみましょう。自分よりも優れた判断をする人がいます。思いもしなかった視点から問題解決に挑む人がいます。多種多様な人脈を使って新しい仕事をつくり出す人がいます。

自分にはない視点、感性、ネットワーク、行動力を持っている人が目に入るようになる。自分に自信がないから、とりあえず代わりにやってくれる人を探していた頃には見えてこない、人の気質や才能が見えてきます。**ここに至って、「自他の尊厳」を守りながら、高め合う人間関係が生まれます。自分を肯定しつつも、足りないところを持つ人を尊敬できる。ここに人間関係の「気持ちのいい距離感」が生まれるのです。**

ＬＩＮＥの返答が遅いから脈がないとか、ヤキモキする。その距離感は近すぎませんか。自分の意見が、みんなと違ったら変な目で見られるから言わない。その距離感は遠すぎませんか。人の視線や行動にいちいち左右されたり、深読みごっこをしている限り、いい人間関係が築けるとは思えません。

まずは、「独立自尊」の自分をしっかり持って、ただの愚痴や自慢話をする人から距離を置くようにする。自分を高めてくれる人を見つけ、「気持ちのいい距離感」で関係を築いていくことが大切です。

「気持ちのいい距離感」は、尊敬する宣伝部長から教わった言葉です。

「企業と広告会社が仲がいいのはいいが、べったりと依存し出すと思い切ったことが言えなくなる。相手の状況に流されるようになってしまう。お互いのためにも『気持ちのいい距離感』を保つことが大切なんだ」

20代に聞いた、忘れられない一言です。

5 〝東京タワー〟の視点を持つ

「こんなことを言ったら、嫌われるんじゃないか」と、人の目線が気になり出す。この傾向は、10歳を過ぎた頃から現れます。小学校3年生までは、人前でも平気で話せたのに、4年生になったとたん、人の顔色ばかりを見て、自由に発言できなくなる。誰にも起きるこの現象は、「自我のめざめ」と深く関係しています。

「自我のめざめ」。例えて言うならば、心の中にもう1人の自分が現れて、「そんなこと言うと、みんなに嫌われちゃうよ」「あ、先生が怖い顔で見ている。やっぱり嫌われてるんだよ」などとささやいてくる。「自我のめざめ」は、社会の中で自分を守るための成長過程の1つです。しかし、行き過ぎると、この声に負けてしまいます。

「ことを荒立てるくらいなら、黙っていたほうが得策だ」と縮こまってしまう。これではは人間関係のつくりようがありません。

20代になっても、小学生と変わらず「自我の言いなり」になっている人は意外に多いようです。それを自分の性格だと思い込んでしまっている人もたくさんいます。

しかし、それは違います。人やものごとを客観視できるようになると、「自我」は面白いほど小さくなります。

苦しいときこそ、高い場所や広いところへ行こう

数年前、東京タワーを取材したことがあります。海外からの観光客で大賑わい。しかしよく周りを見渡すと、若いビジネスマンの姿が見えます。女性も多い。1人で来て、東京の景色をじっと眺めていました。彼女たちにインタビューすると、

「私の会社、あそこに見えるビルの中にあります。会社で嫌なことがあると、ここに来て会社を眺めるの。すると『こんな広い世界のビルの片隅で起きたいざこざに、い

ちいち腹を立ててどうする！』みたいな前向きな気持ちになれるんです」

これを聞いて、私も若い頃、人間関係に疲れたときに鎌倉へ行ったことを思い出しました。価値観が違うから意見が合わない。そのうち相手の靴音が近づくだけで吐きそうになっていました。朝起きたら、無性に海が見たい。心の声のままに会社を休んで、初夏の海と空を見に行きました。しばらくすると、自分の悩みがちっぽけなものに感じられたのです。「あいつのことなんて大嫌いだ！」という自我の声は、潮騒の音にかき消されていきました。

日常から一端離れて、高い場所や広いところに立つ。自分の生活をいつもとは違った位置から眺めてみる。これが「客観視」です。人の顔色や声色を凝視して、ビクビクしている目を、広く、遠くへと解き放してあげる。「悔しい！」「恥ずかしい」と身悶えするよりも、スーッと目線を上のほうに持っていって、

「こんなことが、地球の片隅であったとさ」

くらいの軽いエピソードにしてしまう。ネガティブをささやく自我は、客観的な、つき放した視線に猛烈に弱いものです。**私の経験で言うと、人間関係に疲れて落ち込んだときは、空を眺めるだけでもいい。空の青さと広さに目を向けて、「こんな日もあるさ」とつぶやくだけで、かなり苦しさが薄まっていくものです。**

自我を自分の味方につける

本来「自我」はあなたの敵ではありません。心配性でおせっかい焼きの親のような存在です。20代のあなたは、この自我を飼い慣らし、「君ならできるよ」「もっと大きな声で話したほうがアピールできるよ」と応援してくれる存在にしたい。

もっと言えば「自分を安売りするなよ!」と自分を世の中に売り出してくれるプロデューサーにしたいものです。そのためには、耳元でネガティブな声を上げる「自我」を振りきり、人やものごとを高みから客観的に見るようにしたいものです。

天気のいい日、ぜひ東京タワーのような高いところから街を眺めてください。その高さと広さが、あなたを自我から開放してくれます。

6

やんわり断る技術を身につける

20代の苦しさを振り返ると、「断る勇気」のなさからくる自己嫌悪に苛まれていたように思います。

完全に自分ができる仕事の量を超えているのに、「人間関係を悪くしたくない」「相手によく思われたい」と思って頼みごとを引き受けてしまう。断ったときの罪悪感を考えると、「私が我慢すりゃいいだけだ」と受けるほうを選択してしまう。

それで相手に喜ばれるかと思えば、全くそうではありませんでした。「このくらい頼んでも断らない奴」という評価になるばかり。ますます仕事を言いつけられます。苦しい、辛い、「なんて私は弱虫なんだ」と自己嫌悪。

そんな当時、よく思い出していたのが、小学校4年のときに習った『ろばを売りに行く親子』という寓話です。

ろばを市場に売りに行こうとする親子がいました。道を歩いていると、通りがかりの人から「ろばに乗らないなんてもったいない」と言われました。それを聞いて息子をろばに乗せることにしました。

また通りがかりの人から声をかけられました。「元気な若者が、年寄りに歩かせるとはなんだ！」と言うのです。今度は父親がろばに乗りました。

また人が来ました。「父親だけ乗るのはよくない。一緒に乗ればいい」そう聞いて、2人でろばに乗りました。

また人から声をかけられます。「2人を乗せるなんて、重くてろばがかわいそうだ」そう言われて、2人は、まるで獲物を運ぶように丸太にロバを括りつけて歩きます。ちょうど、それは橋の上。ろばは不自然な姿勢を嫌がって暴れ出し、川に落ちて死んでしまいました。

「私はこの親子のように愚かだ。今はろばを担いで歩いているようなものだ」。毎日、悩んでいた私は、ずいぶん「断る」ためのノウハウ本を読みました。しかし、本を読んで断れるくらいなら、とっくに断っています。それができないから苦労しているのです。悩んだ結果、私が行き着いたのは、「やんわり断る技術」でした。

軋轢を生まない「ポポネポの法則」

それは「ポポネポの法則」と言います。

「ポポネポ」の「ポ」はポジティブ。「ネ」はネガティブ。何かを断るとき「ポジティブ、ポジティブ、ネガティブ、ポジティブ」の順番で語っていきます。

例えば、営業マンのあなたが「新しい食品会社を得意先として担当しろ」と上司に命令されたとしましょう。そのときの断り方を紹介します。

1. ポジティブ　うわぁ、面白そうな得意先ですねえ。

2. ポジティブ　食品系の会社は、昔から興味があったんです。

3. ネガティブ　でも、残念なことに、今抱えている得意先で、シビアな問題が起きておりまして、得意先に毎日時間を拘束されています。この打ち合わせに参加しないと、状況は悪化するばかりです。申し訳ないですが、私以外の人を探してもらえますか。

4. ポジティブ　せっかくお声がけ頂いて、とてもうれしいのですが、申し訳ございません。次の機会は、がんばります！

しっかりと断っているけれども、前と後にポジティブな言葉を配置することによって、残念に思いながら断っている印象を相手に与えます。

「お断りします。今の得意先に毎日呼ばれて、もう時間が全然ないんです。今の僕には受けられません」と言ってしまうと、「お断りします」と否定したことだけが相手の頭に残る。人間の脳は、一番始めの言葉に反応するようにできています。だから、いきなり開口一番に強い言葉で断ると、「わがまま」「ぶっきらぼう」「余裕がない」という印象だけが残ってしまうのです。

全体を「ポジティブ」の糖衣錠にくるんで、芯のところにしっかりと、相手の依頼を断る内容を入れる。これならば、「断る」のが苦手なあなたも、無理せず「断る」ことができるようになるはずです。

グローバル化が進んで日本人も「Ｙｅｓ、Ｎｏはっきり結論を言え」というビジネススタイルが進みました。しかしだからと言って、ビジネスが円滑に進むようになるわけではありません。あなたも京都で「ぶぶ漬け（＝お茶漬け）でもいかがどすか」と言われたら「早く帰れ！」と言われているのと同じだという話を聞いたことがあるでしょう。コミュニケーションが高度化し、都市文化が発達するほど、はっきりと肯定、否定することを避けるようになる。

日本は言葉以上に、文脈、背景、雰囲気などでお互いの意図を察し合う「ハイコンテクスト」の国です。タフなコミュニケーションができるようになるには、「やんわり断る技術」が必要なのです。

コツは「おっしゃる通りです！」

私の友人に、長い間結婚式のプランニングを担当してきた人がいます。彼は、相手の言ったことはほぼ100％「おっしゃる通りです！」と言う言葉で受け取ります。

しかし、そう言いながら、決して相手の意見を全肯定しているわけではありません。「おっしゃる通りです。しかし、今のご予算では……」と「断る力」を次に出してくる。これも「ポポネポの法則」の応用で、幸せいっぱいの2人の気分を悪くしないで、自分の言いたいことを押し通している。この技術で彼のプランニングは大変に評判がいいようです。

「断る技術」より「やんわりと断る技術」を。
「ポポネポの法則」で自分を守ってください。

7 違う世代を拒絶しない

大学時代から、同世代より大人の人間とつき合う生活をしてきました。

「第8次早稲田文学」の編集室に行けば、学生編集者は3人。あとは編集のプロ、大学教授、小説家が出入りする世界です。NHKの「クイズ面白ゼミナール」にクイズをつくりに行く。ここは鈴木健二アナウンサーをはじめNHKの職員とプロの放送作家ばかり。さらには、中高生の家庭教師と小学生相手の塾講師をやっていました。

会社に入ってからも、同期とつるむ経験は非常に少なかった。10も年上のクリエイティブディレクターが私のトレーナーでした。その人と昼も夜もご飯を食べ、映画に行き、スポーツジムに通うという徒弟制度の中で暮らしていました。

今になると、もう少し同世代の仲間と共有する時間があってもよかったかなと思います。しかし、20代に違う世代とつき合っていたことが、私の最大の強みになっているように思います。

彼も人なり、我も人なり

就活に失敗する学生には1つの特徴があります。

快活で、成績もよくて、仲間からも信頼されている。「この子ならどこの企業でも内定を出すだろう」と思っていると、さにあらず。ことごとく失敗して帰ってくる。

大して成績がいいわけでもないのに、いくつも内定を取る人と比較をしてみると、日頃同世代としかつき合っていないことがわかります。同世代の中ならばリーダーになれても、下手をすれば自分の父親よりも年上の人が腕を組んで難しい顔をしている面接の場では力を発揮できない。**彼は狭い視野でしか世間を見ておらず、自分のテリトリーの中なら活躍できる内弁慶だったのです。世間にはいろいろな人がいる。この当たり前のことに気づくのも、20代の大きな仕事です。**

今の20代から30代前半は、「ゆとり世代」と称されています。上の世代とは明らかに教育が違います。学生が「就活に行っても、30歳も上の人になると話がわからない。会社に対する感覚が違い過ぎる」と私にこぼします。「就職氷河期」を戦い抜いてきた40歳前後の人たちとは、「会社観」に違いがあるのは当然です。

時代を俯瞰してみると、40代半ばあたりで、また価値観に大きな違いが出ているようです。１９９０年に女子高生が、8時丁度に校門を閉められたことで圧死する不幸な事件がありました。それを境に、従来の厳しい校則は見直されました。

今の40代半ばより下の世代は、学校に携帯を持っていくことも、お化粧することも許された世代です。（もちろん学校や地域により差はかなり激しいですが）それより上は、校内暴力を取り締まるための厳しい校則に耐えてきた世代です。自ずと仕事に対する取り組みや、人への接し方が違います。

学生時代には、校則で厳しく取り締められ、入社の頃は「就職氷河期」。ちょうどこの世代の人が、今部長クラスで20代の上にいるのではないでしょうか。育ち方や教育が違うのですから、価値観や考え方が違って当然ですね。

「だから他の世代とはつき合えない」と言わないでください。実は私の世代も若い頃には「新人類世代」と呼ばれて、まるで宇宙人のような扱いを受けてきたのです。20代で、価値観の違う人がいることを理解しないと「あの人は、なぜあんな態度に出るのだろう」と悩んでしまう。人間関係に迷いが生じます。**自分とは価値観の合わない人がいても、目くじらを立てず「世間にはいろいろな人がいるもんだ」とおおらかに構えていたほうが、無駄なストレスを抱え込まずにすみます。**

こうしている間にもひたひたと下の世代が育ってきています。英語とプログラミングを小学校から学び、日本史と世界史の区別のない歴史観を身につけ、ＡＩに負けない読解力を身につけている、ＳＤＧｓネイティブたち。10年後、今度は今の20代がこうした若者と対峙していかなければならないのです。自分の世代に縮こまっている場合でありません。

最後になりますが、世代だけでなく違う国の人々、ＬＧＢＴ、社会的弱者などともオープンマインドで接するよう心がけるのは言うまでもありません。世界は広いのです。

8 今こそ両親と向き合う

入社3年目のことでした。久しぶりに両親と会って食事をしたあと、2人の姿を写真に撮ろうとしました。にこやかに並んでいる2人でしたが、ファインダー越しに私はギクっとしたのです。

「2人とも、歳を取っている……」

わずか3年離れているだけのこと。しかし、毎日一緒に暮らしていると気づかない親の「老い」がそこにはありました。自分の頭の中にある両親と現実の姿には大きな違いがあったのです。

その後、半年もしないうちに父が倒れました。私と同じ腎臓がんを患い、1年半の闘病ののちに、この世を去ったのです。

父の最後の仕事は、私の結納に出席することでした。

当時私には婚約相手がいて、父のいる間に結婚しようと考えていました。ところが秋頃から父の容体が悪化して、結納では、相手方の家のお座敷に敷かれた布団に寝ながらの出席となったのです。無理はしないでほしかったのですが、父は、婚約者がつくったお吸いものをすごい形相で飲み「うまい」と言って横になりました。それが外で食べる最後の食事でした。

親離れを迫られる瞬間

20代の親子関係は、10代とは全く違うものです。

10代では絶対的存在であった親に「老い」を感じるようになる。厳しかった意見がどことなく丸くなり、ついでに背中が小さく丸くなる姿を見ます。しかし、自分のことを考えれば、これまで帰属していた家族から、独立して、新しい家族をつくる時期を迎えます。時の流れの残酷さや生きていくことの厳しさを存分に味わうのが20代なのです。

父は私に、何を教えたかったのか。きっとそれは、「お前はもう、新しい家族をつくりに行きなさい」ということではなかったのか。振り返ると、そんなふうに思えるのです。死という別れの前に、育んでくれた家族にもけじめをつけてくれた。子としてこれほどありがたい教えはありません。

人生100年と言われる時代になって、親もまだまだ若く、元気でいられるようになりました。友だちのような親子関係を続けている人も、10代の頃と変わらず、親に甘えて生活をしている人もいるでしょう。

それを悪いことだとは言いません。**しかし、その関係にもやがて終止符を打たれる日がくる。考えたくはないでしょうが、その日は必ずやってきます。親子の関係を考え、少しずつシフトさせていく。そんな時期が20代なのです。**

親に自分の将来を語る

これは私の感覚ですが、強く親の老いを感じたのは30代よりも20代でした。年々歳を取るのだから、親もそれに準じて老いるはずです。しかし、20代は多くを親に依存していた学生時代から、社会人として巣立っていく季節。こちらの変化が大きい分、学生時代に見ていた親とはあきらかに違う存在に見えるのです。

私は、この見え方の変化を大事にすべきだと思う。「守られる立場」から「守る立場」に変わりつつあることをしっかり認識し、親との関係を整理し、再構築すべきです。

思えば初任給が出た日、私は勤め先の近くの蕎麦屋に両親を誘いました。はじめて食べた老舗の蕎麦屋の味を両親にプレゼントしたいと思ったのでした。今から思えば安いものです。しかし両親は大層喜んでくれました。

そこで私は自分の将来について語ったことを昨日のように覚えています。その日が、私にとっての親子関係を整理した日でした。親に自分の将来を語ることで、親離れ、子離れができたように感じています。

「人間関係」の軸をつくる

1 「自分だけのコミュニティ」があれば、他人の言動に左右されない

2 メンターは「将来」を指示してくれる水先案内人

3 真の人脈はスポンサー先にこそある

4 「自分のことは自分でやる」関係がちょうどいい

5 「地球の片隅であったらしい」くらいに思えると人生はぐんとラク

6 相手を尊重しつつ自分の主張もできる人になる

7 「世代論」を学べば無用なストレスから解放される

8 20代のうちに親との関係を再構築する

第3章

「仕事」の軸をつくる

「自分に合う職業とは」「残業はするべきか」「スキルを身につけたい」「そもそも仕事って何?」……。20代は、人生で一番仕事に悩むときではないでしょうか。仕事へのポリシーが固まれば、どんな場所へ行っても通用する人になれます。ぜひ、この章でお話しすることを参考に、あなたならではの“働き方スタイル”を確立してください。

1

自分の仕事を「動詞」で規定する

長くこの仕事に携わっていると、やりたい仕事、なりたい肩書きは、あっという間に変わってしまうことを実感します。商社が「冬の時代」と言われた時代もあれば、マスコミが人気だったこともある。金融が調子のいいこともあれば、不動産が一番と言われた時代もありました。起業ブームが何度も訪れては消えていき、昨日生まれたIT企業が、今日にはもう姿がない。絶対潰れないと思った超大手企業が傾き、あっという間にGAFAが世界に君臨している。

しかし、これですら10年後にはどんな姿に変わっているかわかりません。

こうして考えていくと、安定した企業も職業も肩書きも滅多にないことがわかります。

むしろ、自分の成長と時代の要請によって、変化への耐性をつけていくことが必要です。

私の動詞は「励ます」だった

しかし、「変化」ばかりを求めていたのでは、根無し草のようになってしまいます。自分の「軸」が定まりません。さて、どうしようか。残念なことに、20代の頃にはいい考えが浮かびませんでした。仕事の「軸」についてわかってきたのは、50歳を過ぎて、腎臓がんの手術をしたあとからでした。

当時、いろいろな検査を受けながら、私は自分の人生について考えました。

「もし、もう一度命を与えられるとしたら、残された時間で何を一番やりたいか」

こう自分に問いかけながら、これまでにやってみたいと考えた職業を思い出していました。幼い頃は、野球解説者になりたかった。高校で作詞家に憧れ、大学時代は小説家に憧れました。書き出してみると、書くか喋るかはともかく、私は、

「伝える」

という動詞に集約される仕事に憧れていたことがわかりました。

広告でも、新聞コラムでも、大学、小学校の教壇の上からでもいい。私は、人に自分の知識や体験、人から聞いたいい話、本から学んだ役立つ情報を「伝える」ことが好きでした。誰かに何かを伝えているとき、私は、確かに生きている実感がします。

さらに深く考えていきました。広告の仕事も、10年来やっている子ども向けのコラムも大学での講義も、私の心には「励ます」という動詞がありました。

励ますことで、小学生を立ち上がらせる。励ますことで、志望する企業に落ちてしまった学生を勇気づける。「励ます」ことが自分の使命のように思えたのです。

「もし、この病気が治ったら、人を『励ます』ことに集中していきたい」

「励ます」という動詞を発見して以来、仕事に対するブレが減りました。「儲ける」とか「勝つ」と言った動詞に集約される仕事はあとに回す。

人からどう言われても自分の中の優先順位に自信を持てるようになったのです。

「動詞」で軸をつくり、「形容詞」で自分らしさを決める

今のあなたも、どんな「動詞」が自分の「軸」になり得るか考えてみてください。

書く、つくる、聞く、知る、歌う、飛ぶ、歩く、走る、ほぐす、包む、あたためる、繋げる、止める、驚く、占う、彩る、よりそう、学ぶ、耐える、儲ける、商う、戦う、試す、笑う……。

どの「動詞」を用いれば、あなたが活きてくるでしょうか。**これまでの自分を振り返りながら動詞を1つ決めてください。それを仕事の「軸」にして行動してみましょう。**

学生に聞いてみたところ、「『繋ぐ』ことで『つくる』」、「『支えて』、『よりそう』」な

ど2つの「動詞」を繋げて、自分の「軸」を探す人もいました。それもいいでしょう。より明確に自分の行動をイメージできます。

通信会社に勤めて7年目の女性は、

「少々仕事がマンネリになってきている。立ち上がることより座ることばかり考えてしまう。ここで落ち着いてなるものか。今は仕事も生活も『跳ぶ』ときなんです」

と語ってくれました。「動詞」を1つ決めるだけで、仕事にもプライベートにもメリハリがついたようでした。

さらには「形容詞」や「形容動詞」など、修飾する言葉も考えます。

美しく、優しく、凛々しく、雄々しく、たくましく、しつこく、あたたかく、力強く、飄々と、淡々と、軽やかに、さわやかに、ほっこりと、のんびりと、まっすぐに……。

これがあなたの仕事の「トーン&マナー」になり、「あなたらしさ」が際立ちます。

職業、企業、肩書きではなく、「動詞」で「自分軸」をつくり、「形容詞」で「自分らしさ」を決めていく。20代は、これをいろいろ試すことが許されている時期です。

「戦う」という動詞で行動したあと、自分に合わないと思えば「癒す」に方向転換することもできます。「凛々しく」で自分のトーン＆マナーをつくったあとに「さわやかに」のほうが向いているなと思えばすぐに変える。

30代、40代になると、これまでの実績や人からの評価があるので、自分の生き方に合った「動詞」や「形容詞」を変えることが難しくなってきます。だからこそ20代は、1つに決めることよりいろいろ試すことに重きをおくべきでしょう。

10の「動詞」を試して1つの「動詞」を決めるより、100の「動詞」を試して1つに決めたほうが、ブレない軸に繋がります。「動詞」「形容詞」を変えてみると、これまでとは違った人生観、職業観が見えてくるはずです。

2

二番目に好きなものを仕事にする

早稲田大学で刑法を長く教えられていた西原春夫先生の最終講義は、心に深く残る内容でした。法学部に在籍しながら、童話作家を夢見ていた西原先生。大学院のときに、このまま法学の道に残るか、夢である童話作家の道に出ていくか、迷っていたそうです。それを指導教授に相談したところ、こういう返事が返ってきたそうです。

「一番大事なものは取っておいて、二番目に大切なことを一生懸命やりなさい」

不思議な言葉だなぁと思いながらも西原先生は、踏み留まりました。そして法学の道を極め、早稲田大学の総長になるところまできたのです。

「あのとき、もし童話作家の道を選んでいたら、私は成功しなかったでしょう。同時に、一番好きな童話作家を捨ててしまったら、法学も道半ばで諦めたかもしれません。〝一番大切なものは取っておいて、二番目に大切なことを一生懸命やる〟。この言葉を今日ここに集まった学生諸君に贈ることで、私の最終講義といたします」

大教室に万雷の拍手がなり響きました。

その当時、20歳の私は作家になりたいと考えていました。自分の知っていること、考えたことを「文字に書く」ことを生業にしたいと考えていたのです。仲間には、放送作家の道を歩む人もいました。演劇のシナリオライターになるために、大学に残る人もいました。しかし、私にはその勇気がなかった。憧れてはいるけれど、自信がなかったのです。結局、広告会社で働く道を選びました。

入社すると、そんな夢はいっぺんに吹き飛びます。忙しさと仕事ができない自分への不甲斐なさ。長距離恋愛に破れたり、日常の雑務に追われたりして夢は遠のいていきました。しかし、一緒に仕事をした先輩が直木賞候補になったりすると、急に夢が舞い戻ってきました。一緒に学んでいた仲間が映画をつくった。仲間が夢を叶えている姿を見ていると、ますます自分が惨めになりました。

そんな私を支えてくれたのが、西原先生の最終講義での言葉、「二番目に大切なことをしなさい」でした。私は、広告の仕事を通じて、世界の大陸を渡り歩きました。肩こりの薬や化粧品の仕事から震災で被災した方々に正しい情報を届ける仕事にも就きました。男性でありながら、女性の生理の悩みや妊娠の不安などを直接聞く機会にも恵まれました。「二番目に大切なこと」は、私に様々な経験を与えてくれたのです。

私の夢が叶った最大の理由

実際に、「一番大切な夢」、本を書くことに着手できたのは、50歳を超えた頃です。迷うことなく「言葉」にまつわる本を書こうと思った。学生の頃の私では思いも及ばなかった「小学生に向けてコラムを書く」という仕事が入ってきたのです。気がつくと、自分の頭と体には、書きたいと思うものが満タンに積まれていました。机に座ると、書きたいものがスラスラと頭に浮かんでくる。**「二番目に大切なこと」を長年やり続けた結果、「一番目に好きなもの」がブレなくなっていた。不思議なものです。**

20代のあなたにも、この西原春夫先生の言葉を噛みしめてもらいたいのです。

もしあなたの現在の仕事、大学、環境が、自分にとって一番のものでなかったとしても、そこで腐ったり、諦めたりしないでください。同時に、たとえどんな境遇にあっても、自分が本当にやりたいこと、好きなことを見失わないでください。私は、実現するまでに、随分時間がかかってしまいました。

しかし今は、仕事を自由に移れる環境や、会社や学校以外のコミュニティに入って活動することも自由にできます。**一番目、二番目と決めず、同時並行でやりたいことができる時代です。現状がどんなに苦しくても、西原先生の「童話作家」のような夢を失わなければ、人生は必ずいい方向に向いてくる。私はそう信じています。**

「二番目に好きなことを仕事にする」。私が聞いた中でも、秀逸の仕事論でした。私はまだ、この言葉の中で生きています。

3

残業は極力しない

第2章の「やんわり断る技術」に書いた通り、20代の私は「断る勇気」がなくて、仕事を詰め込めるだけ詰め込んでいました。やりがいのある仕事ならば、いくつ抱えてもワクワクします。しかし、「与えられた仕事」は心を重くするばかりで、出来栄えもパッとしないものが多かったように感じます。

今なら、テレワークも発達し、遠くにいても手軽に会議ができます。しかし当時は、実際に会って話す以外に手はありませんでした。大阪で働いていた私は、週に何度も東京に出張していました。タレントやスタッフが東京主体だったもので、私たちが出向く以外なかったのです。大阪から東京に行って打ち合わせをし、新幹線で大阪に戻って、また打ち合わせ。さらにまた新幹線に乗って東京で撮影をする。

車内から車窓を見ていると、一瞬自分は東京に向かっているのだか、大阪に帰っているのだかわからなくなる。デジタルネイティブなあなたには信じられないでしょうが、こんな働き方をしていたのです。

アイデアは意外なところに潜んでいる

正直に言えば、私はこういう働き方が好きではありませんでした。少しずつ自分の裁量が増えるにつれ、できる限り残業を避けるようにしました。恒常的に会社にいることもやめました。マンションを購入した場所も、会社と気持ちのいい距離感を保てる場所です。通勤途中に、多摩川が流れています。土日は極力、この川を渡って仕事場に行くことをしない。そう決めたのです。

もちろん、会社員としてはまだ下っ端ですから、命じられれば会社に出ていましたが、自分からは行かなかった。30代、40代となり、自分で会議を仕切れるようになると、どんな打ち合わせも1時間以内に収めました。当時のクリエイティブ会議としては異常に短かい時間でした。

人によって考え方は違うでしょうが、私は長い会議、遅くまでの残業から新しいものが生まれるとは思えなかったのです。アイデアというものは、新鮮な環境から生まれるもの。いつもと同じ会議室の壁を眺めているのは、自分や仲間の連帯感を確かめたり、「やった感」を満足させることに重きを置き過ぎているのではないか。

それよりも、スーパーマーケットに行って、白菜の値段を確かめたり、小さな劇場でしか上映していない映画を観たほうがいい。常に生活者であるほうが、人に共感してもらえる仕事ができます。

同窓会や局や部のパーティに出るのも嫌いでした。大切なことだとは思うけれど、自分には性が合いませんでした。それよりも、少ない人数で食事をするほうがよほど深い人間関係がつくれる。年齢が上がるにつれ、この思いは強くなっていきました。

ビジネスの質は、公私混同で決まる

だから私は、今のあなたたちの世代の、「上司からの飲み会の誘いに応じない」というスタンスを支持しています。大切な話のときもあるけれど、それが恒常的になるのは反対です。

その代わり、家に帰ってゲームやスマホだけをやることにも反対です。ストレス解消にはなるかもしれませんが、時間があっという間に過ぎてしまう。そんなことばかりで歳を取っていくのはあまりにもったいないことです。

私のスタイルは公私混同。もちろん私は、アイデアを考えたり、執筆するのが仕事なので20代全員に当てはまるものではありません。

しかし、たとえあなたが金融業界やＩＴ業界、アパレル業界にいたとしても、常に生活者の視点で世の中を眺めていると、仕事に安定感が生まれます。**タクシーの運転手さんの話から情報を集める。電車に乗っている高校生の会話から今の時代を推察する。大学の社会人講座に行く。話題の本を読む。こういう公私の「私」にあたる部分が、「公」の仕事の基盤になるのです。**だから、セキュリティなどの諸問題はしっかり守りつつ、公私混同しながらビジネスの質を高めることをおすすめします。

若者よ、早く帰ろう。プライベートを大切にしながら、仕事の質を高めていこう。

4 仕事か、作業かを見極める

前項では、「残業は極力しない」というスタンスを書きました。今度は、一見それと相反するような意見を述べます。**それは、仕事の「質」を向上させようと思うなら、「量」をこなさなければならないということです。**

「量が増えるなら、残業も増えるじゃないか！」と反論されるかもしれません。「サービス残業を増やせということか？」という不満も聞こえてきそうです。

そうではありません。ここで、トーマス・エジソンの言葉を読んでください。

「1日8時間労働制に感じた危機感は、労働時間の不足などではない。働くことが、ただの決まりきった『作業』になってしまうことだ」

エジソンは、「仕事」と「作業」を明確に分けています。決められた時間内をただ過ごすだけでは「作業」になってしまうと言うのです。

「定時まで、あと10分ある。特にやることはないけれど、10分間座っていよう」「部長がなかなか帰らないから、帰るまで何かやっていよう」などと考えるのは、自分の大切な時間を無駄に削っているようなものですよね。こういう「作業」時間は極力排除したい。しかし、**仕事で一歩抜きん出ようと思ったら、夢中になって時間を忘れてやることがどうしても必要になる。これは「働き方」をどう改革しても変わりようのない真実ではないでしょうか。**

一度、からっぽになるまでやる

入社してクリエイティブ職に配属されると、とにかくコピーをたくさん書くことを求められました。アイスクリームならアイスクリームのコピーをくる日もくる日も書かされます。当時は、苦痛でした。その頃の私には、上司からの命令にしか思えず、これだけ膨大な時間を費やして、1つの言葉を書くことにどんな意味があるのか全く理解できませんでした。どんなに書いても、「おまえの書いているものは全部同じだ」と言われるのです。「この人、僕のことが嫌いなんじゃないか?」と毎日思いました。だんだん、考えるのがいやになってくる。1つも言葉が浮かばなくなってくる。

「もう、ダメだ。僕には向いてない!」と席を立って、サボりに街に出ました。ふと、梅田の旭屋書店に入ったところ、なんだかいつもと違う。

まるで本の背表紙に書かれた題名が、すっからかんになった脳みそにさーっと入り込んでくるようでした。これまで見向きもしなった育児雑誌、宇宙科学書、医学書、絵本、そこに書かれている言葉が、どれもこれもアイスクリームのコピーを書くための「切り口」になっているように見える。「そうかぁ、ディレクターが教えているのは、こういう感覚のことなのか」とやっとわかりました。

既成概念やこだわりを全部吐き出して、一度空っぽになってみる。そこから新しいものが頭に入ってくる。あの瞬間、私は「言葉で仕事をする」体になったんだと思い

ます。「作業」が「仕事」に変わりました。

どうすれば「量」を「質」に転換できるか

誰でも、何をやってもはじめはうまくできないし、時間もかかります。料理もゴルフも英会話もどれも同じ。私たち人間が、何かを学び、身につけるには、「下手」と「無駄」を覚悟しなければなりません。一説では、どんなものであれ1万時間を超えるまでやり続けると、ものになると言われています。毎日6時間続ければ、4年と207日。3時間続ければ、9年と49日です。残念ながら、この時間はよほどの天才でないと短くすることはできません。それがいつわざる実感です。

しかし、救いはあります。**量をこなすうちに、その仕事はどんどん洗練されていきます。気がつくと、いちいち意識しなくても、無意識にできるようになります。**包丁でリンゴを剥くのが苦手だったのに、練習を続ければ、皮を薄くきれいに、しかも無意識に剥けるようになる。成果を上げるには、「下手」と「無駄」のプロセスを経て習慣化することが大切なのです。

5 仕事は21日間で一気に仕上げる

仕事の「質」を上げていく。そのためにはどんなことをすればいいのでしょう。

20代は、上司のスケジュールに合わせることが多い上に、雑用も任されます。アイデアを練る時間やスキルを磨く時間が細切れになり、思い通りの成果に結びつけることができません。当時の私もそうでした。つき合いと雑用に時間を取られ、あとは疲れて眠るだけ。

そんな中で、あるテレビ番組で見た「21日間集中する」という方法が目を引きました。

当時、仕事のかたわら、懸賞小説を書きたいと思っていた私はとりあえず21日間で一気に仕上げることを試みたのです。

古くから日本には、自分が初参りをした産土神社に、21日間続けて参拝すると願いが叶うといった信仰がありました。7と3という吉数の組み合わせから「縁起がよい」とされてきたようです。また、「3日坊主」と言われるように、1つのことを3回繰り返すと飽きがきたり、「そろそろ変化をつけよう」とする力が人間には働きます。変化せず、同じことを繰り返していると、危機意識が薄まってしまう。そんな人間の本能からくるものです。

基本単位は「1週間×3」

1週間を3回繰り返す。この本も、「21日集中法」によって書かれています。

会社の仕事をこなしながら本を書くのは、ハードなこと。何より時間がありません。

しかし、21日間は、本を書くことを優先する。家ではパソコン、電車の中ではスマホ、専用のノート、手帳の片隅、何もないときは頭の中でもずっと文章を考えるようにします。

やり始めには勢いがあります。3日過ぎると苦しくなります。1週間が終わる頃、やる気が少し戻ってきます。そこからまたチャレンジです。苦しい時期が続きます。書くことがなくなって、頭をかきむしる時間が長くなります。自分を追い詰めていくと、脈絡がなくなります。**その直後、パチンとはじける瞬間がくる。広告マンはこれを「クリエイティブ・ジャンプ」と呼びます。**

あえて好きなものを断つ

21日間を耐えるとき、私がやっていることがあります。昔の人は、願いごとを叶えるためにお茶を断つ願掛けをしました。一番好きなものを断つことで、常に願いごとについて考える。それが願いを引き寄せると信じていたのです。

私はこの21日間は、1日3食のうちのどれかを抜くようにしています。当然、お腹が減りますが、お腹がグーグー鳴るくらいのほうが執筆は進みます。まさに「ハングリー精神」です。これは個人的な調整法なので誰にでも合うものではありません。

しかし、**コーヒーでもお菓子でも、好きなものを1つ断つだけで「あ、私は今、21日間集中しているんだった」と思い出せます。こんなことで継続力は伸びるのです。**

カレンダーにマルをつける

「21日集中法」、これをシステマチックに身につけるとっておきの方法があります。何かをやりたいと思ったら、カレンダーに21日分マルをつけてしまいましょう。

「あぁ、私はできなかった。4日で続かなかった。私は意思が弱い」

なんて、継続できなくてもくよくよする必要はありません。誰だって、始めから継続はできないものです。今回は4日で終わった。それで構いません。4日やった自分を褒めましょう。次はもっと減って、3日しかできなかった。それでもいい。3日やった自分に胸を張りましょう。諦めず、20代のうちに何かに21日間集中する経験を積んでください。

「21日集中法」は、人や状況に流されず、仕事で結果を出すために最適な方法です。20代に身につけておきたいことの1つです。

6

自己卑下・万能感・完璧主義を改善する

20代も半ばを過ぎてくると、仕事の進め方にクセが出てきます。

仕事の要領が悪く、人前で話すのも苦手。人から何か言われることが怖くてしょうがない。こういう人は、「私なんか才能も勇気もない小心者で、人よりできるものなんて何1つない」という思いに支配され始める。なんでも「自己卑下」するクセがついてしまった人、結構たくさんいます。

反対の人もいます。仕事が軌道に乗っている。だから、「私が世界の中心で、私がルール。みんな私に従うべきだ」と考えることがクセになってしまった。こうした「万能感」に満ち溢れたタイプも多く見受けられます。こういう人に限って、他人からの評価を非常に気にする一面を持っています。

「完璧主義」というクセを持ってしまう人もいます。「まだ、企画書をお見せできる段階ではありません」「最後まで私にやらせてください」と、完璧を追求することは悪くありません。しかし、人の意見を聞かず、わがままに「自分だけの完璧」を求めるのはよくない。全体作業の遅れや無駄な対立を生んでしまいます。

「自己卑下」「万能感」「完璧主義」。表に出る態度は違っても、共通するのは、「自己肯定感」が低いこと。「自分は、こんなはずじゃない！」という思いが、様々な仕事のクセになって現れます。

経験の浅い20代では、まだこうしたクセは許されることもあります。

しかし、部下と上司の板挟みに合う30代、40代ともなれば責任の負荷が重くなり、「自分はこんなはずじゃない」などと言ってはいられなくなります。今のうちから、仕事に対する自分のクセを冷静に見つめ、改善していきましょう。

自己卑下の改善法

大学生に教えていて気づくのは、優秀と言われる大学の学生ほど、「自分は才能がない」「頭が悪い」とよく言うことです。決して謙遜で言っているのではありません。彼らは、「自分が『知らないこと』を知っている」のです。ソクラテスの言う「無知の知」です。「自分はできない、何も知らない」ということを起点にして学んだり、働いたりしているのでしょう。

「自分が劣っている」と思うことは、決して悪いことではありません。問題は、それを理由に諦めてしまうこと。「だって、でも、どうせ」と「不幸の3D」と呼ばれる言葉を使って、動かない理由の言い訳を考えてしまう。これがよくないのです。

無理に自信を持とうとする必要はありません。まともな人間は、一生自信など持てないものです。改善するには「この仕事をやる自信がない。だって……」ではなく「この仕事をやる自信がない。どうすれば……」と考えるクセをつけることです。**「自己卑下」を改善するキーワードは「どうすれば」。**これを口グセにしてください。

万能感の改善法

20代半ばで万能感を持った人は、いくつかの仕事で成功しているはずです。「自分のやり方は正しい」と信じていることでしょう。確かに成功しているのですから正しいのでしょう。しかし、この手の人は遅かれ早かれしっぺ返しを食います。

万能感を持つ人は、「自分は正しい」と考えたあとに「だから、誰もが自分の思う通りに動くべきだ」と考えています。こうなると、部下はもちろん、協力会社の人も上司も、自分の目的を達成するための「使用人」のように見えてきてしまう。

これがクセになると危険です。必ずどこかで裏切られる。少しでも失敗したら、「それ見たことか」と叩かれます。仕事仲間は「使用人」ではありません。「私の思う通りに動いて当然」と考えることは、結局仲間に依存しているのと変わりません。

「万能感」を持った人を改善するキーワードは、「おかげさま」です。「おかげさまで、このプロジェクトがうまくいきました」と、周囲の人に「あなたのおかげ」であるとしっかり伝える。実ほど頭を垂れて「おかげさま」だと心得てください。

完璧主義の改善法

完璧を目指すのは、決して悪いことではありません。しかし、その「完璧」が、仕事に携わる誰もが求めている「完璧」なのかを考えてください。自分では「完璧」と思っているものが、単なる個人的なこだわりや、「自分1人の意見でまとめたい」という虚栄心からきているのではないか。自分のダメな部分を見せたくない劣等感が背後にないか。もし、そうであるならば、「私は完璧主義」と思っていても、ただの「がんこもの、融通の利かない人」の仕事でしかありません。

特に情報社会である今、「完璧主義」のために仕事のスピードが落ちると勝機を逃してしまいます。ネットは、完璧でなくても初動を素早くして、消費者の動向に合わせて、微調整を続けなければいけません。

かつて日本企業の多くが導入していた「PDCA」（Plan［計画］→Do［実行］→Check［評価］→Act［改善］）のように方向性を固めてから動くのでは、遅いと言われています。今は不完全でもいいから、まずタイミングを捕まえて、そのあとに「完璧」に向けて仕事をするように求められているのです。

さて、**「完璧主義」を克服するキーワードは、「進みながら強くなる」です。**この言葉は、ラテン語の詩句をフランス語学者・鹿島茂氏が翻訳したものです。十分に力をつけてから前に進もうという気持ちを捨てる。まだ未完成だから人につっこまれるかもしれない。力がないから負けるかもしれない。しかし、そうやって傷を負いながらでも前に進もうとする考え方です。完璧主義者のあなたに学んでほしい言葉です。

「自己卑下」「万能感」「完璧主義」は、20代が特に陥りやすい仕事をする上でのクセです。それぞれにいい一面も持っています。しかし、このクセだけで仕事のスタイルを固めてしまうのは、危険です。ぜひ「20代でしておきたいこと」の1つとして、自分を客観的に見るようにしてください。

「どうすれば」「おかげさまで」「進みながら強くなる」というキーワードを意識して、自分の仕事のスタイルを今一度見つめ直してみましょう。

7 マナーの基本を完全に押さえておく

広告会社のクリエイティブ職に憧れたのは、服装が自由だったこともあります。当時はまだまだスーツを着るのがビジネスの基本。「クールビズ」もありませんから、みんなネクタイを着用していました。そんな中、学生と同じようにチノパンとポロシャツで会社に行けることに魅力を感じていたのです。今から思えば、浅はかでした。

当時はＴＰＯも意識していませんでした。それで困ったこともあります。欧米はもちろん香港でもドレスコードのあるレストランが多く、ジャケットを持っていなかった私は入ることができなかったのです。

20代も終わりの頃、とある企業の会長さんに会うことになりました。私は、いつも通りTシャツ姿で打ち合わせ場所に向いました。カジュアルな服装が市民権を得た今なら考えられないことかもしれませんが、この会長さんは、色のついたワイシャツすら認めないくらいの堅物で、私を見るなり顔が曇りました。当然、話し合いは暗礁に乗り上げました。

私が言いたいのは、スーツの効用ではありません。ビジネスにとっての服装には2つの考えるべき点があるということです。

1つは、「相手を不快にさせない」ことです。クリエイターやファッション業界の人の中には、服装で自己主張する必要のある人もいます。しかし多くのビジネスパーソンの場合は、まずは相手に不快な思いをさせないことが大切です。

もう1つは、「迷いを少なくする」ことです。スティーブ・ジョブズは、いつも黒のタートルネックにリーバイスのジーンズ、ニューバランスのスニーカー姿でした。「今日は何を着よう」と迷うことがありません。

40代になって、クリエイター職から離れた際、私がスーツを基本にしたのも迷わなくするためです。今日、「どんな場所で、誰に会うのか」を考える必要がない。急なお通夜にもかけつけることができる。実はスーツのほうがずっと楽なのです。

ビジネスマナーはなぜ必要？

スーツはビジネスの鎧のようなものです。着るとそれなりの「しきたり」に従うことが要求されます。名刺は内側のポケットに入れること。腰より下から名刺を出してはいけないということを学びました。

こうしたことをきっかけに、あれこれマナーについて学ぶようになりました。

国際的なマナーでは、電話は「午前9時から午後9時」にかけるもの。それも会話も「3分以内」が、SNSが発達する前のルールでした。今はメールやLINEが使われますが、長々と仕事のメールを送ってくるような輩に、大きな仕事はできないでしょう。**言葉遣いも同じです。「敬語」は堅苦しいものではなく、1つの型にはめることで、相手の感情を受け流し、自分の意思を効率的に人に伝える叡智なのです。**

結局、礼儀正しい人が選ばれる

40代になって、私は日本・西洋文化や、生活美学の基礎などを学びたいと思い田園調布でフィニッシングスクールを主宰する丹生谷真美先生を師事するようになりました。玄関での靴の脱ぎ方、座布団の座り方すら知らない私に、先生はしきたりの歴史から教えてくれました。わずかな期間ではありましたが、茶道も習いました。不器用な私はいつまで経っても劣等生でしたが、一緒に習い始めた女性の所作がみるみるうちに美しくなっていくのは本当に驚きでした。

ある会社の人事担当者と会食をしたとき「就活でくる学生は、大きく2つに分かれます。お茶を習っている子と習っていない子。立ち振るまいが違います」と言っていたのが印象的でした。無論、これによって合否が下るほど単純なものではないでしょう。**しかし美しい所作は、人と接するときの武器になる。こうした礼儀正しい姿勢が、ビジネスを決するきっかけになることが実に多いのです。**

マナーやエチケットを古くさいものと決めつけるのはやめて、20代から意識するようにしてください。周囲の人の、あなたを見る目が変わってきます。

8

「ありがとう」と言われる人になる

企業経営者も、コーチングのコーチも、自己啓発系の著者もみな、日本語最高のパワーワードは「ありがとうございます」だと言います。

親交の深いDr.コパさんは、「毎日の生活でついてくる『日常厄』は、毛穴に入る油のようにこびりついてくる。これを落とすには『ありがとうございます』と何度も唱えることだ」と言っています。

人の印象はこの言葉を言う回数で決まる

大学時代にAという友人がいました。予備校の頃から仲がよくて、同じ大学の同じ学部に入ったので、時間を随分共にしました。口の悪い奴です。核心をつく発言が多く、「お前、そういう言い方するなよ。みんな傷つくよ」と反論することもしばしばありました。しかし、周囲を見ると思ったほど、彼は嫌われていない。「あいつのどこがいいの？」と聞くと、「あいつ、根はいい奴なんだ」と返ってきました。

あるとき、大学近くの喫茶店で一緒にオムライスを食べていました。「ケチャップ、取ってくれる？」と彼が言いました。私の側にあったケチャップを渡すと、彼は「どうも、ありがとう」と言ってちょっと頭を下げました。ウェイターが水を注ぎにきました。これに対しても「どうも、ありがとう」と言うのです。どんな言い争いをしたあとでも、相手が何かをしてくれたら、「どうも、ありがとう」と必ず言う。これを徹底していたのです。これが彼の嫌われない理由だと思いました。

後年、Dr.コパさんから「日常厄」の話を聞いたとき、Aのことを即座に思い出し納得したのです。

しかし、「ありがとう」と言っているだけで、仕事ができるようになるのでしょうか。

人からの印象はよくなるでしょうが、残念ながらこれだけでは力が足りません。

「雑用への姿勢」で人の真価は問われる

では、「ありがとう」という言葉を使い、どうやって仕事を向上させるのか。

私の20代の頃の経験です。当時は、実に雑用が多かった。まだパソコンもないような時代ですから、何かを送ったり受け取ったりするのも全部、人手がかかりました。コピー機の数も少ないので順番待ち。頭脳労働とはかけ離れた作業が、まだまだたくさんありました。私はこうした仕事をはなから小馬鹿にしているところがあって、しょっちゅう怠けていました。

あるとき、サボっているのを見つけた先輩が、しんみりと私を諭したのです。

「あのなぁ。お前には雑用に見えるかもしれないけれど、『雑用』いうんは、人に『ありがとう』と言われる仕事のことなんやで。仕事いうもんは、人からどれだけ『あり

がとう』と言われるかで楽しさが変わるもんなんや」

雑用とは「ありがとうと言われる仕事のこと」。これを聞いて、ハッとしました。同時に、思い上がっていた自分を恥じました。

「ありがとう」と自ら言う。その次のステージは、「ありがとう」と言われる人になることです。20代のあなたが今抱えている、面倒な仕事や雑用も、見方を変えれば人から「ありがとう」と言われる仕事をするための基礎訓練のようなものです。そこで思い上がった気持ちでいると、人から「ありがとう」と言われる嬉しさに気づかないまま成長してしまうかもしれません。

「ありがとう」と言う回数を増やし、「ありがとう」と言われる回数を増やすように仕事をする。仕事なんて実は単純なもので、たったこれだけの法則で動くものなのかもしれません。「ありがとう」と言いましょう。そして、「ありがとう」と言われる人を目指しましょう。

「仕事」の軸をつくる

1 ブレない自分は「動詞」でつくれる

2 「二番目」に真剣に取り組むから、「一番目」の夢が叶う

3 「自分の日常」を確保してこそビジネスの質は上がる

4 「量」をこなすことでしか「質」は上がらない

5 時間がないときこそ「21日集中法」

6 キーワードは「どうすれば」「おかげさまで」「進みながら強くなる」

7 ビジネスマナーは、効率的に意図を伝える最強の武器

8 「ありがとう」と言われる嬉しさに、きちんと気づく

第4章

「言葉」の軸をつくる

オンライン上でのやり取りが進む今、「言葉の力」はますます重要になってきます。ここでは私が実践し、本当に役に立った「言葉の力」の磨き方を教えます。他人の人生をまるごと取り入れる、自分の言葉で定義する、スマホで教養語彙を増やすなど、明日から使えるノウハウが満載です。楽しみながら読み進めていってください。

1 個人全集を通読する

全集の一巻目から、最後の巻の日記や書簡まで全部読んだ作家が2人います。太宰治と夏目漱石です。太宰治を全集で読んだのは大学1年生のときでした。

法学部に進んだものの、全く楽しくない。「文学部に行きたかった」とグズグズ悩んでいた頃、太宰治の命日に行われる「桜桃忌」に参加した帰り道、筑摩書房から出ていた全集の一巻を買いました。「始めから最後まで読んでみようかな」とふと思ったのです。正直、つまらない小説もありました。時間にゆとりのある大学生にしかできない暇つぶしでもありました。わかってもわからなくても一ページずつ読んでいく。全部読み終わったのは、ほぼ1年後でした。

全集通読を終えると自分で実感できるほど、私は変わりました。1人の作家の生涯が、

体の中に入る。するとと不思議なことに、自分の書くものの視点、リズム、物語の語り方が、太宰治そっくりになったのです。時折、ぽっと出る言葉が「愛するとは、命がけだよ」やら「弱虫は幸福さえもおそれるものです」と、太宰の受け売りになっている。さらに、これによって、読解力、語彙力はもちろん、体系的な思考力のようなものが読む前と後では全く変わりました。

気をよくして次に取り組んだのが夏目漱石です。太宰治の経験が活きて、こちらはかなり早く読み終わりました。するとどうでしょう。手紙を書くと、夏目漱石の言葉がぼろぼろこぼれ落ちます。変に頑固だったり、ユーモアを交えて書こうとする自分がいました。

作家の言葉を自分の中に丸ごと入れる

30代になって、仕事で2ヵ月近くロサンゼルスに行く機会がありました。このとき、文庫の漱石全集を持っていきました。読んでみて驚いた。学生の頃に読んだ感覚とは全く違います。「そうか、『名作』と呼ばれるものは、年齢によって読後感が違うんだ。

だから長く読まれるものになるんだ」と感じたものです。

1人の作家の全集を通読する。これが言葉の「軸」をつくる方法のチャンピオンだと私は思っています。太宰治や夏目漱石のような文豪である必要はありません。今の時代の作家でも漫画家でも構いません。私の知り合いの医者は、中学時代に家にあった「手塚治虫全集」を通読して、医者を目指したと言っていました。

大切なことは、誰かが一生かけて書いたものを、まるごと自分の中に入れること。自分が何かを考えるとき、相談したり共有できる他者を自分の中につくることです。

20代にしかできない読書経験とは？

この作業は、20代にしかできません。30代を超えると、我を忘れて1人の作家や思想家の中に入り込むのが難しくなります。多くの経験を積んでしまうと「そうは言うけど、現実は難しいんだよ」という心の声が聞こえてきます。これを聞くと、到底、書簡の一枚一枚まで読む気になれなくなります。

私は50代に大病をして、40日近く会社を休みました。「時間があるから、漱石でも読み直そうか」と何度か思いましたがダメでした。病気の療養中に、胃痛に苦しんだ漱石、自殺未遂を何度も起こした太宰の小説を読むなんてよほどの神経がないとできません。「老後の楽しみとして取っておこう」、これもダメです。主人公の多くは、20代、30代が中心。読んだところで自分ごと化できません。

言葉の「軸」をつくるなら、わずかな経験と狭い思想しかまだ持てない自分を補強してくれる誰かの全生涯を体に入れてしまいましょう。全集通読をしたことがある人とない人では、知的生産をする上で何かが決定的に違います。

最後に全集通読の注意事項を。

1. 世の中から一定の評価を得ている人の作品を読むこと。
2. 時間はどれだけかかっても構わないので、飛ばすことなく読むこと。
3. 10年後にまた通読したくなるような本を選ぶこと。

「真面目とは実行すること」と夏目漱石は言っています。全集を読みましょう。

2 自分の言葉で「定義」する

著名な戦略コンサルタントとお話する機会がありました。ＡＩについて語っていたのですが、彼は「ＡＩ、ＡＩと言いながら、ＡＩのことを何も知らないトップ層がたくさんいます」と顔をしかめます。私も考えてみれば、ＡＩとは「人間に代わって手間のかかる計算をしてくれる人工知能」程度の知識しかありません。

彼にそんな話をすると、

「私は、ＡＩは、『問題解決の１つの方法』だと考えています」

と言い、ホワイトボードに数式とグラフを書き出しました。「ひきたさんも、二次関数ならおわかりですね」と言われるけれど、すでにそのあたりからあやしい。

しかし、大学院まで数学を極めてきた彼の説明はわかりやすく、私が「要するに『分類』の『分けること』と『類するものを集めること』に長けていることですね」と言うと、「その通りです」と言って独自の見解をそこにつけ加えてきました。

「ブラックボックスワード」を減らそう

長く大学入試が文系、理系に分かれている日本は、テクノロジーの企業でありながら、それを理解できない文系のトップ層が多い。また理系は理系で、専門職の領域から出ようとせず、双方の壁は高まるばかりです。だからなのでしょうか。技術系の人の解説は非常にわかりにくいものが多い。多くの単語が、英語をカタカナにしただけで、その意味や定義のない「ブラックボックスワード」になっているのです。

テクノロジーの世界だけではありません。政治や行政が使う言葉にも不思議なものがあります。例えば「目途」。これは「もくと」と読みます。「目処（めど）」と同じような言葉です。日本新聞協会が発行している『新聞用語集』には「目途」も「目処」も「めど」と読むようになっている。ところが観光庁では「もくと」と読みます。

確かに、「目処」は「見通し」のようなもので、「目途」は「目標」「ゴール」の意味合いが強い。しかし、一般的でない「目途（もくと）」という聞き慣れない言葉を、定義することもなく使うのが不可解でなりません。

日本には、こうした専門領域、帰属組織、会社方言、業界用語など、日本語として定義をされていない外来語がたくさんあります。自分の所属するところでは普通に通じていても、一歩外に出ると誰も意味を理解することができない。こうした言葉のムラ、言葉の縄張り争いが実に多い。私は、日本語が大好きです。しかしこうした状況が長く続くようであれば、ビジネスの公用語はいっそのこと英語になってしまったほうがいいのではないかとさえ思っています。

さて、20代のあなたが言葉で「軸」をつくるとき、誰もが考えずに使っている「ブラックボックスワード」をしっかりと考えてほしいのです。できれば、子どもからお年寄りにまでわかるやさしい言葉で、「定義」するところまで考え抜いてください。

例えば、誰もが「生きがい」と言います。人によって何を「生きがい」にするのかは様々でしょう。しかし、「生きがい」という言葉そのものをあなたはどう定義しますか。それは「やりがい」とどう違いますか。

私ならこう定義します。

「生きがい」は、人の役に立てると思えること。
「やりがい」は、自分の役に立っていると思えること。

「そうじゃないよ！」と言う人もいるでしょう。ぜひ、あなたならどう定義するかを聞かせてください。

自分の言葉で「定義」する力をつけると、文章が「自分ごと化」され、オリジナリティが出てきます。**自分の言葉で語っているのですから、自信が生まれ、主張がブレなくなります。「定義」するクセをつければ、生半可な理解で言葉を使うことが減り、書くもの、話すものに重みや説得力が増していきます。**わからない言葉に出合ったら、検索だけで満足せず、自分なりの言葉で置き換えるようにしてください。

3 「理解語彙」を増やす

「語彙」の「彙」の字ってむずかしい。20年近く前、この字が「常用漢字」に入ると新聞で読んで調べたことがあります。

実はこの字、毛の長い動物が、胃の中に食物を溜め込んでいる形なのだとか。一説には「ハリネズミ」の象形と言われています。小さな動物が、細々したものを腹に入れている。「語彙」とは、腹の中に言葉を溜めていくイメージなのです。

腹の中に「言葉」をたくさん溜めているほうが、考えたり、伝えたりする上で有利なのは言うまでもありません。例えば、あなたが得意先と会食をしていたとしましょう。「うまい」「おいしい」「やばい」しか知らなければ、相手にこの言葉以上のことを伝えることができません。

もしあなたが「まろやか」「香ばしい」「あっさり」「すっきり」「コクがある」「クセになる」「シャキシャキしている」「ほくほくしている」「絶品」「妙味」「風味がある」「歯ごたえがある」「舌触りがいい」「のどごしがいい」「箸が進む」「箸やすめになる」という言葉を知っていたら相手に与える印象は違ってきます。

自分の気持ちを豊富な語彙の中から適切に選び、伝えることができる。日本に限らず、ビジネスの世界は食事の席で、相手を値踏みします。20代は、様々な食経験をすると同時に、語彙も腹の中に溜めていくべき時期でしょう。

スマホがないと「思い」を伝えられない若者たち

語彙は、2つに分かれます。

「使用語彙」と「理解語彙」です。「使用語彙」は私たちが普段の生活の中で、話したり書いたりするときに使う言葉の集まりのこと。「理解語彙」は、普段はあまり使わないけれど、読んだり書いたりするときに理解できる言葉の集まりを指します。

現在は、ＳＮＳを駆使して、「使用語彙」と「絵文字」や「スタンプ」、「写真」、「動画」を組み合わせて、瞬時にコミュニケーションをとることが主流になりました。しかしその分、個人の思いを自らの口で伝えることの苦手な人が増えてしまいました。

自分はしゃべるのが得意と思っている人も、よく聞けば「理解語彙」の数が少ない。言葉の速度を上げたり、わざと甲高くしたり、凄んでみせたりしても語彙の少なさは隠せません。発言を書き写してみると、実に稚拙な内容だとバレてしまうものです。

20代は、自分の言葉の精度を上げるのに最も適した時期です。吸収力、理解度、言葉に対する感性が最も鋭くなる時期だと私は思います。

何を言われても、まごつかない自分になるために

20代にしておきたいこととして、日常で使う「使用語彙」だけでなく「理解語彙」を増やすことをおすすめします。普段の会話では使わない哲学、法学、文学、数学、経済学、政治学、ＩＴテクノロジーなど、時事問題で使われている言葉の意味や内容を理解し、腹に溜めていくのです。

そのためには、ひたすら本を読むしかありません。それも引用や誰かの解釈が入ったものではなく、「原本」にあたることが大切です。内容は難しいですが、今はネット検索をすれば様々な人の解釈が出てきます。

私は、本を読んでいる最中にわからない言葉が出てくれば、すぐにネットで検索します。忘れないように、それをコピペして「メモ」にストックしておきます。

覚えた「理解語彙」を人にわかりやすく伝える際に、私が参考にしているのが、池上彰さんの著作です。NHKの「こどもニュース」を担当していた池上さんの説明は非常にわかりやすい語彙と構成になっています。また、難しい時事問題や専門用語は、子ども向けの新聞を参考にしてどう言い換えているかチェックしています。

例えば「春闘《しゅんとう》」という言葉。「会社で働く人の給料を上げるために、それぞれの会社と労働組合が話し合うこと。春に行われるので春闘という」と言えば、誰にでもわかる言葉になります。**こうして「理解語彙」を人に説明できるレベルにまでわかりやすくして溜め込んでいく。しっかりと理解できている言葉が増えれば、人からなんと言われても、流されずにしっかり答えられるようになるのです。**

4 「教養語彙」を増やす

マンションの一室を書庫にしています。その中で、随分場所を取っているのが辞書や辞典の類いです。

『からだ表現の辞典』（伊宮伶編　新典社）、『空の名前　新装版』（高橋健司著　角川書店）、『ニッポンの名前』（服部幸應著　市田ひろみ著　山本成一郎監修　淡交社）『俳句の花図鑑』（復本一郎監修　成美堂出版）、こんな辞典を取り出しやすい位置に置いています。時折開いては、「そうか、歯並びが悪いことを『乱杭歯《らんぐいば》』というんだ」とか「レスリングのウェアは『シングレット』という名前なのか」と感心している。いろいろな名前を覚えて語彙を増やす努力をしています。

しかし、私がものの名前をよく知っているかといえば自信がありません。むしろ知らないコンプレックスのほうが強いのではないでしょうか。

これを意識したのは、私がお茶を学んでいた丹生谷真美先生と話しているときでした。

実に美しい言葉を使われる丹生谷先生。中でも感心するのは「花の名前」をたくさん知っていること。庭に咲いた花、街角で見つけた花、それを嬉しそうに話される。先生の頭の中には、花暦が入っていて、それに従い、いつ頃どこで何の花が咲くかを全部ご存知のように見えました。

無粋な私にはこうした感性がない。知っているのは、チューリップ、ひまわり、朝顔、クロッカスなど小学校低学年で覚えた程度の花の名前しか出てこない。こんな状況で『万葉集』を読んだところで、何1つ情景も情感も浮かんできません。

それを補うために前述の『俳句の花図鑑』を購入し、花の写真とその花を読んだ俳句を並べてみる。まるで付け焼き刃の勉強なのです。

「語彙」には、「使用語彙」と「理解語彙」があると先に書きました。

それに加えて「教養語彙」とも言える一群があります。日常で使う「使用語彙」ではない。「理解語彙」ほど意味が難しいわけではない。

「きれいな花」、「雄大な雲」と言うだけでもわかるけれど、「薄紫の可憐な都忘れ」、「高さも進む方向も異なる問答雲」と書いたほうが相手に正確に伝わるし、文章や発言に艶も出ます。

では、どうやって「教養語彙」を増やしていけばいいのでしょうか。

ものの名前を覚える格好のツール

私のやり方を紹介しましょう。

「名前のわからないものを写真に撮っておく」

というものです。例えば、お寺に行ったときに、縁側を見つけました。

しかし、ここが「縁側」であることしかわからず、詳しい名前は1つも知りません。

そんなときは、スマホでこの縁側の写真を撮っておきましょう。時間があるときに「縁側」で検索をかけます。多くの情報の中には、縁側の詳しい名前が出てくるはずです。

「なるほど、縁の外側に戸があるのを『縁側』。ないものを『ぬれ縁』と言うのか。へぇ、支えている四角い石は『沓石《くついし》』って言うんだ。その下の砂の部分が『犬走り』かぁ……」と写真と照らし合わせて見ていきます。

実際に自分が訪れたところですから、図鑑を眺めているよりもずっと印象深く頭に入ってくるでしょう。

面白い雲があったら、それも写真に撮る。撮ったときには「イワシ雲」なのか「ウロコ雲」なのかもわからない。これもまた「雲の形」と検索するといろいろな雲を見ることができます。正しくはわからないけれど、どうやら「イワシ雲」らしい。「低気圧が近づいたときによく発生する」と書かれていることからみると、このあと雨になったからまず間違いない……と推測していく。

あらゆるものに興味を示し、名前を覚えるようにしましょう。

5 「出だしの言葉」をストックする

プレゼンや交渉の中でも一番難しいのが、「出だしの言葉」です。第一声が、大きな声でスムーズに出れば成功。願わくば「出だしの言葉」で相手の心をわしづかみにしたい。20代の頃は、しゃべろうとしたら頭が真っ白になる。ウケを狙った言葉ですべる。失敗の連続でした。例えば、こんなエピソードがあります。

入社して半年を過ぎた頃、大阪ではじめて広告表現のプレゼンに臨みました。緊張して、小さな咳払いをしないと声がまともに出ません。

そこに先方の社長が入ってきて、席にさっと座ってこう言いました。

「学者はんみたいな説教はいっさいいりまへん。おもろいか、おもろないか。安いか、高いか。これだけが基準や。では、はじめてください」

この冒頭の一言で、私は気負けしました。表現案に入る前の企画趣旨の部分を「学者はんみたいな説教」と言われては説明できない。いきなり表現案からプレゼンに入る心の準備ができませんでした。結果は、大惨敗。アイデア以前に、冒頭の一言に負けました。

少しして、この社長さんとご一緒する機会がありました。ビールを飲みながら、このときの話をすると、社長さんは、

「それはな、ひきたさんがオドオドしてたからや。試してやろう思ったんや。案の定、アカンかったな」

と言って、快活に笑いました。

出鼻をくじかれると、言葉が出ない。自分の非力を見せつけられました。

文章も演説も、作者が最も力を入れるのは冒頭の部分です。人を一気に振り向かせる。読み手や聞き手の頭の上に、自分が思い描いたシーンを投影させてしまう。

この失敗以後、私は「出だしの言葉」をストックするようにしました。小説やスピーチ、会社の先輩たちがプレゼンをどのように切り込んでいくかを学び出したのです。

私が集めた「出だしの言葉」

●「正しいか正しくないかではなく、多くの人がじーんとくるか。これを基準にアイデアを考えてきました」

先輩クリエイティブディレクターがこう言った瞬間、プレゼンの評価基準が、コストやタレントの人気度ではなく、どれだけ視聴者を「じーん（＝感動）」とさせる内容かに変わりました。

●「Sさん、少し太りましたね。お腹出てきましたよ」

厳しい人で有名な政治家に向けて、仲間が放った言葉です。政治家は、急にお茶目な顔をしてお腹をさすり出しました。これで一気に場が和んだ。相手の性格を突いた見事な出だしの言葉でした。

●「私の父はアメリカへの留学生でした。生まれ育ったのはケニアの小さな村です。ヤギの番をしながら育ち、トタン屋根の小屋で暮らしながら学校に通いました」

バラク・オバマ元アメリカ大統領のスピーチの冒頭です。ケニアの貧しい暮らしの景色が目に浮かびます。トタン屋根の熱さ、ヤギの泣き声と匂い、その中で学ぶオバマ大統領の父。映画のような「冒頭の言葉」です。この描写によって「貧しい移民の息子」が今、大統領を目指しているイメージが明確になりました。

「出だしの言葉」をストックする目的は、人の心をつかみ、その場の空気を支配する人間になることです。

人は人を説得するために、どのような言葉から切り出し、相手の頭にどんな絵を描かせたか。これを体験する場、学ぶ機会を意識して増やしてください。

6 いいペンとノートを使う

夏目漱石の『草枕』（新潮文庫）に、

「着想を紙に落とさぬとも璆鏘《きゅうそう》の音は胸裏に起る」

という一文があります。「璆鏘の音」とは玉や金属が触れ合って起きる美しい音のこと。さすが、万年筆で小説を書き続け、自ら万年筆の宣伝文まで手がけた漱石です。紙にペン先が触れる心をよく捉えています。

20代で言葉の「軸」をつくるために役立つこと。それは自分の書いた言葉に金をかけることです。高価なペンで、質のいい用紙に書く。そこらに転がっているペンと紙

に雑に書いた言葉とは、明らかに重みが違います。自分が書く言葉、選択した言葉には高価な価値があると思うこと。これで私は、学生気分から抜け出しました。

書く言葉、選ぶ言葉に価値を持たせる方法

万年筆は、3万円出せば、一生使えるものが手に入ります。大切に使うと、40代、50代になったとき、同じメーカーの同じペンでも味わうことのできないほど書きやすいペンに変わります。自分の力の入れ具合がペンのしなりになり、自分のペンの持ち方に合わせて、ペン先の形が変わる。その万年筆で書いた文字が、誰も真似することのできないあなたの「文字」なのです。

ノートも同じです。60代になっても読み返すことのできるぐらい表紙や縫製がしっかりしたものを選ぶ。それがあなたの人生の「辞書」になります。

私は、自分の万年筆では、汚い言葉、嫌いな言葉、非難する言葉、卑下する言葉は書きません。それは、私の「文字」として万年筆で書くべきものではないと決めてい

るからです。同様に、イギリスで購入した革製の大判ノートには、１００歳になっても心に残ると感じられる言葉しか書きません。だから20年近く経っても、まだ半分も減っていません。本を読み、人の話を聞き、このノートに書こうと思った言葉に出合ったときは、得も言えぬ喜びがあります。こういう努力を続けるうちに、自分の書く言葉、選ぶ言葉にプライドを持てるようになるのです。

「3つのノート」のススメ

この他にも様々なノートとペンを使い分けています。

●ＴｏＤｏリストメモ

手帳サイズのノートに、「今日やるべきこと」を書き出します。スマホを活用したこともありますが、終了のチェック記号をつける快感が忘れられず手書きに戻りました。4色の水性ペンを使って重要度、カテゴリーなどに分けています。

●40字メモ用ノート

わかりやすい文章は40字以内で書かれたもの。そこで、縦書きの原稿用紙をノートの形状にしたものを使っています。日頃から情報やネタを、原稿用紙二行分にまとめる訓練をしています。

●クロッキー帳

博報堂でクリエイティブ職に配属されたとき、ノートではなくデザインのときに使うクロッキー帳を渡されました。無地のクリーム地です。

「アイデアは、言葉になるか、絵になるかわからない。なんでも書き留めるようにしなさい」と言われたのが35年前。以来、必ずカバンの中に入っています。現在使っているのは、「maruman SQ2」という正方形のものですが、無地のノートならなんでもいいでしょう。どんなペンで書いてもいい、雑記帳のようなものです。

あなたも、学生時代とは違うペンとノートとの関係を構築してください。

「言葉」の軸をつくる

1 全集を通読すれば人生のステージが上がる

2 説得力がある人は、自分の言葉で「定義」できる人

3 知性は「理解語彙」の多さで決まる

4 「教養語彙」を織り交ぜて、美しい表現をする

5 様々な人の「出だしの言葉」に注目する

6 いいペンとノートを使えば、自然と言葉に魂が宿る

第5章

「逆境」を乗り越える軸をつくる

今、あなたは逆境の中にいるかもしれません。この章では、そんな苦しい状況の抜け出し方や、通すべき姿勢、気持ちをリフレッシュする方法などを並べました。逆境は成長の糧となるものです。うまく乗り越えれば驚くほど強い自分に生まれ変われます。どんな逆境にも負けない「軸」をつくりましょう。

1

淡々と生きる、飄々と生きる

20代の頃、得意先の宣伝部長に面罵されました。何が気に障ったのか、見当もつかない。しかし先方は、私を指差し「出入り禁止だ！」くらいの勢いで怒っています。凹みました。エレベーターホールのほうに歩いていると、宣伝部の方が立っていました。「すみません。時々、虫の居どころが悪いときがありまして」と言って頭を下げられ、「今晩、飲みに行きませんか」と誘われたのです。

六本木の飲み屋で、若い宣伝部の方が、私を気遣っていろいろ話をしてくれました。その中の1つにこういう話がありました。

「嫌なことを言われているとき、無駄でイライラするような会議のとき、私は『幽体離脱』しています」

「幽体離脱」とは、生きている体から魂を抜くこと。宣伝部の方は、この術を使って生き抜いてきたと語ってくれました。

怒られるとすぐに気にしてクヨクヨしていた私は、この「幽体離脱」を習得するように努めたのです。**逆ギレして感情的に怒っている人を前にしたら、体だけは神妙な体勢を残して心をスーッと抜いていく。「この人にも家族がいるんだよなぁ。大変だろうなぁ」そんなことを考えるようにしていったのです。**

つらいときは淡々と、うれしいときは飄々と

「幽体離脱」とは、「嫌だなぁ」とか「面倒だなぁ」という負の感情を入れずに時間を過ごすこと。嫌なことがあってもそれに執着せず、「淡々と」した態度を取ることです。

冬に風呂掃除をする、かなり面倒です。こんなときに「幽体離脱」して、「面倒だなぁ」

という感情を抜く。あとは機械のように、淡々と掃除をします。明日までに仕上げなければいけない企画書がある。「間に合うだろうか」と不安になる。こんなときも、「幽体離脱」して不安に怯える心を抜く。あとは、企画作成マシーンと化して、淡々と企画書をつくる。

「意思」は重い腰を上げるための力ですが、「よし、がんばろう」なんて力拳をにぎっても、なかなか腰は上がらない。その「がんばろう」という気持ちすら抜いて、体だけが勝手に動くような心境になれば、腰は上がるものです。

逆境にあったときは、「辛い」「怖い」「不安だ」「焦る」という気持ちを一度、体から切り離してやるべきことはやる。「淡々と」した態度が極めて有効です。

では、喜びの絶頂のときはどうするか。

人は「うれしい」「楽しい」「最高だ！」という気分にはずっと浸っていたいものです。しかし、人生はそれを許しません。いつまでも「成功体験」を抱えていると、その思い出から抜けられなくなります。その成功が、新しいことにチャレンジする力を削ぎ、気持ちのいい「ぬるま湯」から抜け出せなくするのです。

こんなときは、達成した喜びを十分に享受したら、早めに「飄々とした日常」に戻すことが大切です。

「飄々」と「淡々」は似ているようで、かなり精神性に差があります。「飄々」は、空をいく雲のように、執着することなく、たったひとりでも気のむくままに動くさま。感情をあまり出さず、心に余白があります。「淡々」は、客観的にものを見て、感情に左右されず、冷静で無駄のなく動くさま。心に余白があるというよりは、心の動きに左右されないイメージです。

つらいときには淡々と、うれしいときには飄々と。こんな態度でいられたら、逆境も逆境と感じなくなるでしょう。「淡々とこなし、飄々と切り替える人」を目指しましょう。

2 逆境の中に次のステージを見出す

26歳の秋でした。夏に長距離恋愛に終止符を打ったのち、競合プレゼンの4連敗。しかも、父ががんを患ったと連絡を受けました。ストレスからか、帯状疱疹ができ、いつの間にやら、入社3年目を前に体重が7キロ増えていました。

企画を出しても、先輩どころか後輩にも負けます。会議室の壁に、クリエイティブディレクターが認めたアイデアが貼られていきます。私のアイデアは一枚も貼られていません。翌日、またアイデア会議が開かれます。私の企画を見た先輩が一言、

「筋が、悪いな……」

「筋が悪い」とは「素質がない」ということです。絶望しました。なんでこんなに私ばかりに不幸が訪れるんだ！　と、天を見上げて呪いました。

私の経験では、悪いことはなぜか一度に襲ってきます。「これでもか！　これでもか！」と言いながら、コテンパンに叩きのめしにやってきます。こういうときは、何をやってもダメ。厄や悪い膿が体から全部出るまで、容赦なく不幸がやってきました。

自分と向き合うきっかけを見逃さない

しかし、何度か逆境を経験するとわかってくる事実があります。

逆境がなければ、自分は変われないこと。
逆境のあとに、必ず新しいステージが用意されていること。

私は、このあとすぐに、大阪から東京に転勤が決まりました。父の病院に見舞いにいけるようになり、そんな生活の中から伴侶になる人を見つけたのです。

成功の前には、必ず逆境がある。世間にも自分にも神様にも、「このままでいいのか。このままでいいのか」と急かされ、尻を叩かれる。人間は基本的に怠け者で優柔不断です。現状のぬるま湯から出たくない。できるなら、このまま平穏に暮らしたいと考えるものです。

しかし、どうやらそれは許されないことらしい。自分が止まっていたいと思っても、周囲は変化し、人は入れ替わる。そして誰1人として逃れることはできず、歳を取っていくのです。逆境に耐えて、変化するしかありません。

そして逆境はまたやってきます。「このままでいいのか！」と叫びながらやってきます。50代になったばかりの頃、食べ物の味がしなくなりました。鼻がつまります。蓄膿症でした。鼻血を出しながら手術をしました。その後、本を書く仕事がやってきました。一冊出して、一安心。「一冊書いたから、もういいや」とちょっとぬるま湯に浸かる気でいると、下半身に痛みを覚えた。脱腸でした。手術の前に突然、「小学生に向けて授業をやらないか」という話がきました。術後、私は朝日小学生新聞にコラムを書く人間になっていました。

本が何冊か出て、やっと調子が出てきた頃、今度は腎臓がんです。３年間、毎年病気で手術をしています。さすがに凹み、自暴自棄になりました。しかし、よく考えれば会社の仕事と執筆を両立させることに限界がきていたのです。術後、私は執筆と子どもや学生たちに向けた講義を優先する道を選びました。

どれもこれも、病気を経験しなければたどり着けないステージです。逆境がくれば、怠け者の私もさすがに考える。「本当は、こうしたいんだ」「これに関しては、もうやめたいと思っているんだ」なんて思いが心に溢れてくる。

こうした気持ちを明確にするのが「逆境」というものではないか。逆境は、新しい自分になるための陣痛のようなものではないでしょうか。

もしかしたら今、あなたは、得もいわれぬ逆境の最中にいるかもしれません。叩きのめされる寸前かもしれません。でも、不幸の痛みに耐えながら、薄く目を開けてみてください。少し明るくないですか。おぼろげにでも、次のステージが見えてきませんか。逆境の中に未来がある、それを信じましょう。もう少しの辛抱です。

3 「ブラックエンジン」と「ホワイトエンジン」を常備する

仕事でうまくいかないときは、大きく2つの傾向があります。

「賞を取りたい」「ライバルに勝ちたい」「有名になりたい」「儲けたい」「ボーナスを上げたい」「役職につきたい」という欲望で動いているとき。大半は失敗します。そのときはうまくいったとしても、人がついてこなくなったりして後々、辛酸をなめます。

こうした利己的な動機で動くのは「ブラックエンジン」と言われています。

反対に、「世の中のために活動したい」「お世話になったあの人に、恩返しをしたい」「男女差別のない社会に貢献したい」。

このような信頼、感謝、道徳心で動くのは「ホワイトエンジン」と言われます。しかし、これだけだと儲からないし、経営が成り立たなくなることも多いのです。

20代の私は、ほとんど「ブラックエンジン」で動いていました。

入社してはじめてつくったCMが、はじめてテレビから流れたとき、私は大阪の焼肉屋にあったテレビでそれを見ました。「みんなが箸を止めて注目し、大笑いしてくれる」そんな幻想をどこかに抱いていた私は、誰1人注目することもなく、むしろ「うるさいなぁ」という顔をしていることにショックを受けました。

広告の仕事がうまくいかず、密かに懸賞小説に応募したこともあります。「あっという間に世の中に認められて、28歳くらいで芥川賞か」と夢想していたのですが、全く音沙汰なし。吹かしても吹かしても「ブラックエンジン」は空回りするだけでした。

片方だけでは危険すぎる

「ホワイトエンジン」を吹かすようになったのは、50歳になってからです。「東日本大震災」を経験し、行政機関を通じて復興の仕事を手伝いました。そのときは「儲かる、儲からないなんて関係ない。人が幸せになるか、ならないかだ」という気持ちだけ。

しかし、利潤を追求する会社の社員としてはこればかりではやっていけません。会社員で稼ぎがなければ、誰かが私の分まで稼がなくてはいけなくなる。「ホワイトエンジン」だけで生きていくのも現実的には難しい話です。

今の中高生は、「将来は環境問題を仕事にしたい」「ＳＤＧｓの課題を解決したい」と真剣に語りかけてきます。とても大切なことですが、20代のあなたは、自分が食べていく分は自分で稼がなければいけない。「ホワイトエンジン」ばかりでなく「ブラックエンジン」も吹かさなければいけない。これが現実でしょう。

エンジンをスイッチするコツ

大切なのは、両方のエンジンがあることを知り、両方を吹かせることができるようになること。江戸時代の農政家・二宮尊徳は、

「道徳なき経済は罪悪であり　経済なき道徳は寝言である」と言いました。この言葉は見事に両方のエンジンを吹かすことの大切さを教えています。

自分の仕事がうまくいかないときは、「ブラックエンジン」と「ホワイトエンジン」のスイッチングをしてみてください。

コツは、「勝ちたい、儲けたい」と心が騒いでるときに、「でも、これをやって私の他に誰が喜んでくれるか」「どんな人が得するか」と考える。「みんなの幸せのためだ」「お金の問題じゃない」と思っているときに、あえて「でも、これをやって私は暮らしていけるのか」と考えてみる。「ブラックエンジン」と「ホワイトエンジン」は、表裏一体。どちらも大切なものなのです。

今の私は、仕事をするにあたり、「より長い時間、ワクワクするにはどうすればいいだろう」と考えます。「ホワイトエンジン」だけでは、生活が苦しい。「ブラックエンジン」だけでは、殺伐としている。どちらのエンジンも活用し、自分がどちらかに傾かないように注意しています。

もし、今の仕事がぬかるみにはまっているならば、どちらのエンジンを吹かせば抜け出せるかを考えてみてください。必ず脱出できますよ。

4 自分のパワースポットを持つ

30代になったばかりの頃でした。大きなプレゼンを前にして、チーム全員の心が荒れていました。いいアイデアが出ないのです。みんなの考えがまとまらず、仕事が前に進みません。だんだんと同じ部屋にいるのも嫌になってきました。

そんなとき、20代のチーム員が、白い封筒をみんなに配布しました。開けてみると「明治神宮」のお守りです。それを見た瞬間、「勝たないと、何の意味もないもんな」「前に進めようよ」という前向きな言葉がみんなに戻ってきたのです。

残念ながら、そのプレゼンには負けてしまいました。しかし私は、「明治神宮」にお礼参りに行くことにしました。当時、初詣のときくらいにしか神社に行かなかったので、静けさと新鮮な空気にびっくりしました。**「そうかぁ、神社には鎮守の森がある。遠くにいかなくても気軽に森林浴ができるんだ」と思いました。逆境や苦しい時間を過ごしているとき、わずかな時間でも自然に触れると、かなりリフレッシュできます。**

神社は、自分の原点にかえる場所

日本の神社とは何か。諸説ある中で私が好きなのは、「生まれる前の自分に会いに行くところ」という考え方です。

鳥居は結界です。ここをくぐって参道を歩きます。参道は、お母さんのお腹の中の「産道」と考える。生まれるときに通ってきた道を、逆戻りしていく感覚です。行き着く先には、本殿がある。この宮は、ちょうど「子宮」にあたります。生まれる前の地点にまで戻ってくると、多くの場合、そこには「鏡」が祀られている。「か・が・み」の真ん中の「が（我）」を捨てると「か・み（神）」が現れる。さてそこで、

「私はこの世に何をする目的で生まれてきたのか」

と考えるわけです。会社の業績もわずらわしい人間関係も関係ありません。ただひたすら「自分は何をすることを神様と約束したんだっけ？」と考える。

すると、第1章の「死生学」のところでお話したように、自分がやるべき大目標が見えてくる。

「そうでした。私は、みんなが笑って暮らせる国をつくるために生まれたのでした。もう一度、精進します。後押しよろしくお願いします」

と宣言して再び産道に向かう。気持ちのいい木々に吹く風、鳥の声などを聞きながら、再び鳥居をくぐって、現実の世界に戻る。このとき自分は、生まれ変わっている。新しい自分として、再び生きていくことができる。そんなイメージで参拝するわけです。

何のことはない。これは自分を内省するということです。自分の心、原点を見つめて、自分がブレていないかを確かめる。間違ったり、曲がったりしていたらそれを是正させて戻ってくる。逆境から抜け出すのに極めて有効な手段です。

そこがあなたの「安全基地」になる

神社をすすめるのに、宗教的な意味はありません。**自然に触れ合うことができ、自分の原点に戻れる場所であるならば、公園でも海の見える場所でも構いません。**

私は、「子どもの頃に住んでいた場所」も、神社同様のパワースポットに入れています。

新人で大阪に赴任された私は、幼い頃に住んでいた兵庫県西宮市にマンションを借りました。広告のアイデアは全く採用されない。単純作業でポカを繰り返す。人間関係もうまくいかない。東京の同期が、どんどん先に進んでいるような気がして焦る。

そんな気分に陥ったとき、子どもの頃に眺めていた六甲山の山並みや夙川のせせらぎがどれほど私を癒してくれたことか。私は今でも、辛いことがあると、六甲山を眺めに帰ることがあります。

自然に触れて、原点に戻る。そんなパワースポットを20代のうちから探しておく。

そこは30代、40代になったとき、あなたを守る大切な場所になるはずです。

5

失敗を、消す

入社した年に、樹木希林さんと仕事をご一緒したことがありました。

まだ、右も左もわからない新人。先輩のうしろにくっついて希林さんの事務所で打ち合わせをしました。

夕ご飯の時間が近づいていました。希林さんが「なかなか飲めない日本酒がある」と言って嬉しそうに持ってきてくれました。机の上の書類を片づけ、小さな宴会になりました。みんなは笑っていましたが、私は緊張するばかり。喉が渇くもので、その貴重なお酒をグビグビ飲んでいました。

トイレに行きたくなりました。末席なので、誰にも迷惑をかけずに行くことができます。そっと立ち上がり、トイレのほうを振り向いた瞬間、ガシャンと大きな音がしました。あろうことか、私の体のどこかに一升瓶があたってしまった。瓶が割れて、お酒が全部床にこぼれてしまったのです。

「何をしてるんや！」と先輩の鋭い声が飛びます。私はただうろたえるばかりで、声も出ません。

すると、希林さんが、

「あなた、トイレに行きたかったんじゃなかったの」

と言いました。私は、この場を離れていいのか躊躇しましたが、とりあえずトイレに行きました。

「あぁ、えらいことをしてしまった。もうこの仕事はクビかも」と暗い気持ちで戻ってくると、希林さんとマネージャーが床を拭いています。わずかな時間の間に、すっかりきれいになっていました。私は、改めて「すみませんでした」とみんなに謝りました。先輩はぎょろっとした目をこちらに向けるばかり。一言も発してくれません。

すると、希林さんがすっといなくなった。戻ってくると、また新しい日本酒を持っていました。

「こっちもね。なかなかいけるのよ」

と言って笑顔。新しいグラスも用意されて、私にも注がれました。

過ぎたことに固執しない

そこから先の会話は、まるで日本酒の酒瓶を私が割ったことなど全くなかったかのようでした。面白い話が続き、みんなの笑い声が部屋に広がる。

その切り替えの早さは、学生時代には経験したことのないものです。いや、今日に至るまで、これほど鮮やかに、状況を切り替えた瞬間に私は出合ったことがない。それは、「切り替える」というより、「失敗を、消す」という感覚に近かった。あまりにも見事なもので、割った犯人の私まで、愉快に飲んでしまいました。酒瓶は、私の近くに置かれることはもうなかったけれど。

新人のときのこの経験は、その後私の中で育っていきました。**失敗や挫折をいつまでも抱えていない。気分転換とか心機一転なんてもんじゃない。その失敗の一切を消す。終わったことは、終わったこと。戻れない過去には一切固執しない。**

なかなかできるものではありませんが、私は何かを失敗するたびに、雑巾を持った樹木希林さんの姿を思い出します。人生にとって、計り知れない大きなことを教えてもらったように感じています。

人間、誰でも失敗はします。うっかりしたり、思い上がったり、甘くみたりして、手痛いしっぺ返しをくらいます。しかし、大切なことは、その失敗そのものではありません。一瞬でも早く新しい時間を始める決意と度量を持つことです。最後に希林さんがおっしゃったという言葉を贈ります。

「私は人間でも、一度ダメになった人が好きなんですね」

6

失敗を、活かす

若い頃は、「成功」と「失敗」が明確にありました。受験に失敗し、結婚に失敗し、仕事では、数えるのもばからしいほど失敗を繰り返してきました。

しかし、この歳になって考えます。「当時、『失敗』だと思っていたことは、本当に『失敗』だったか」と。確かにその出来事が起きた瞬間は、「あぁ、ダメだった」「なんてことをしてしまったんだ」と頭を抱えて天を仰ぎます。

けれど、時間が経つにつれ、「失敗」だと思ったことが「深い経験」として自分の体に馴染んでくる。「こういう言い方をすると人を傷つける」とか「知ったかぶりをすると、知らない部分が足かせになる」とか、自分を律するルールになる。

「しくじり先生」という人気番組がありますが、この名の通り、「しくじり」は、やがて自らの「先生」になるのです。

そこから何を学んだのか

ある日、入社のときにトレーナーについてくれた先輩と飲む機会がありました。寿司屋で、近況を語るとどうしても失敗談や愚痴になる。黙って聞いていた先輩が、突然こう言いました。

「で、おまえ、そこから何を学んだんや？」

一瞬ぽかんとなりました。「失敗したことはええんや。そこからお前は、何を学んだかと聞いてんねん」と強い口調で迫られたもので、こう返すしかなかった。

「このプレゼンは、途中からダメなアイデアだなとわかっていたのに、そのアイデアにこだわった点ですね。うーん、『すぐに変更すること』の大切さを学びました」

「この仕事は、複雑に考え過ぎた。『単純に、強くすること』が大事だと学びました」

となる。先輩に言われるまでは自分で自分の不幸をイメージ化していた感じでしたが、**「そこから何を学んだのか」という問いに答えていくと、そこには教訓がある。失敗から学んだことをちゃんと言葉にすることで、「失敗は成功のもと」という格言が自分のものになったかのようでした。**

目指すべきは、失敗して変化し続ける人

学生の頃は、受験勉強のように結果がわかりやすいものに向かってチャレンジしています。しかし、働き出すと、何が「成功」で何が「失敗」なのか一概に言えなくなります。ただ言えるのは、「失敗」したことを検証せずに、新しい成功に向けて走り出しても、必ずまた失敗すること。**「成功」というものは、決まった形があるのではなく「失敗」してもまた挑戦する情熱によって「変化し続けること」を言うのではないでしょうか。**

特に20代は、「人生最大の失敗」と思えるほどの大失敗をしてほしいものです。今のあなたにとっては「大失敗」かもしれませんが、20代だから許されることのどれほど多いことか！　リカバリーする力が他のどの年代よりもあるのです。

だから「失敗しない」ことばかりを考えて、「守り」に徹しているのは実にもったいない話です。「失敗」しないで現状維持を続けることは、時間の経過と共に退化していくことになります。20代で、「失敗」を恐れて動かないことは、人生そのものを「失敗」に導きます。「時間」という最大の資産を持っている20代のうちに、たくさん失敗をし、みんなに「しくじり先生」として語れるような、「学び」を勝ち取ってください。

「愚痴言うんはな。ダメな人間の気軽なストレス解消法や」と、寿司屋のカウンターで先輩に痛いところを突かれたあの日。

私は、「失敗」を恐れ、「失敗」を検証することもなく、「失敗」というぬるま湯に浸かってストレスを発散していた自分を恥じました。「で、おまえ、そこから何を学んだんや？」という先輩の声を今でも「失敗」する度に思い出しています。

「逆境」を乗り越える軸をつくる

1 「淡々とこなし、飄々と切り替える」術を身につける

2 逆境がなければ、自分は変われない

3 人生のハンドルを握るには、2つのエンジンを吹かす

4 「逃げる場所」がある人は、どんなピンチも乗り越えられる

5 失敗を消すぐらいの「思い切りのよさ」を持つ

6 現状維持を続けることこそ、最大の失敗

第6章

「人間の幅」を広げる軸をつくる

豊かな人生をつくるには、日々をどう過ごしたか、その時々に何を考えたかに尽きます。この章では、視野を大きく広げるための、自己投資の仕方、休日の過ごし方、毎日の生活習慣などを紹介します。ぜひ、20代のうちに様々な経験を積んでください。それがあなたの大きな財産になります。

1 きれいなものへ自己投資をする

「まず、３ヵ月分食べていけるだけの貯金をしましたね。いつでもやめることができる！　と思えたら強くなれますから」

と語ってくれたのは、ＩＴ企業に転職した女性。今年で29歳だそうです。

「じゃ、お金は貯金するだけ？」と尋ねると、「あとは全部、自己投資です。生産的な趣味にしかお金を使いたくないんです」と言う。前の会社にいたときは、無駄な飲み会や化粧品や服に散々浪費をしてたので、27歳の転職と共に心を入れ替えたとか。

「生産的な趣味に自己投資するって、例えばどんなこと？」とまた尋ねたら、

「いろんな芸術作品を見ること。みんなじゃなく1人で旅をすること。週に2回ヨガに通うこと。語学をYouTubeで学ぶこと。専門分野の人とサシで飲みに行くこと。母親のレシピを学ぶこと……」

と出てくるわ、出てくるわ。自分を鍛えることに投資しているというだけのことはあって、自信に溢れていました。

「親はうるさいですけどね。結婚はあと回し。恋愛はしたいけれど、『あぁ、こんな男だとは思わなかった！』みたいに後悔したくないですからね。今は、どっちかというと孤独でもいいって感じです」

彼女が今の20代のスタンダードとは思えませんが、少し上の世代と比べてみても、経験への自己投資にお金をかけようとする人が多くなりました。SNSを通して、いろいろなサロンやコミュニティにも参加ができる。転職やパラレルキャリアも増えてきて、「自分を発信する」ことへの意識が高まってきているのでしょう。

全ての経験は、感性を磨くためにある

私は、こうした考え方に大賛成です。

20代だから許されることの1つは、若さを存分に活用して、人に会ったり、興味を持ったことに簡単にチャレンジすること。そして嫌ならやめられることです。結婚し、家族ができればどうしてもそちらが中心の生活になる。そうなる前に、視野とキャリアと人脈を広げておくのは、素敵な人生を送るための必須条件ではないでしょうか。

20代の頃、著名なカメラマンとロケに出たことがありました。女性を非常に美しく撮影する方でした。場所は、オーストラリアのアデレードでした。こぼれ落ちそうな夜空を見ながら、「どうすればカメラマンになれるのか」とたわいのない質問を私がしたときのことです。しばらく返答をせず、歩いていたのちに夜空を見上げ、

「きれいなものをたくさん見ることだよ」

とカメラマンは言いました。それは、風景やデザインの「きれい」だけではない。数学の方程式を「きれい」と思うこともあれば、人の行動を「きれい」と思うこともある。いろいろな「きれい」をたくさん見て、自分も「きれいな人間」を目指すようにする。こんな話でした。

これはつまり「審美眼」を磨くということでしょう。「審美眼」とは、美しいものを見定める眼、正しくものの価値を見ることのできる力です。私はこれを聞いたとき、「きれいだな」と思う経験をすることの大切さを教えてもらったように感じました。

それまでは全く興味のなかった「茶道」の所作や空間、茶道具に惹かれるようにもなりました。冒頭で紹介した女性も、きれいな景色、きれいな言葉、きれいな生き方を体験して「審美眼を鍛える」という共通の目的があるように見えます。

自己投資にお金をかけると言っても、そこには息をのむような「美しさ」をたくさん経験し、自分の感性（センス）を磨く気持ちがあるかないかで結果が大きく違ってくるように思えます。

あなたもぜひ「きれいだ」と思えることに自己投資をしてください。20代で培った審美眼や感性は、一生ものです。

2 その日の始まりに「達成感」を得る

ここまで読んだあなたは、もしかしたらこんなふうに思っているかもしれません。

「そう言われても、やる気がでない。やろうとしてもモチベーションが上がらない」

実を言えば、私の元に相談にくる学生や社会人の中でも、圧倒的に多いのはこの悩みです。自分の軸をつくるとか言う前に、まずやる気がでない。病気じゃないかと思うくらい、だるいし、シャキッとしない。だから、自己啓発の本を読むと、逆に劣等感を抱いてしまう。

20代はおろか、30代を過ぎても、私も「やる気がでない」ことに悩みました。それが心の問題なのか体に悪いところがあるのか、わからない。でも、明らかに身体的にだるいのです。もちろん、本当に病気のときには病院に行ってください。

しかし医者にかかっても「身体的に問題がない」と言われた場合に、試してほしいことがあります。私があれこれ実践した中では、一番効果を感じられた方法です。

達成感の積み重ねでしか、自信は生まれない

「朝、必ず同じ時間に起きること」

前日飲み明かしたり、徹夜でコピーを書いたりした若い頃は、「あと4時間眠れる」と睡眠時間がどれだけ取れるかにしか興味がありませんでした。

だから土日は、たっぷり寝だめしようとか、夜中の3時まで夜更かししたら、午前中いっぱい寝ようとか考えていました。しかし、こうした不規則な生活を続けていると、生きていく上で大切なものが抜け落ちてしまうのです。それは、

「その日最初の達成感」

朝、同じ時間に起きることができる。前の日が遅くても、休みの日でも変わらず6時なら6時に起きられる。これが達成感になるのです。

1日の始まりが、「よし、今日も同じ時間に起きたぞ!」という達成感から始まると、不思議なくらい前向きな姿勢になれます。長く不規則な生活をしていただけに、実感できます。朝が決まっていると、自ずと就寝の時間も決まってくる。だんだんと朝方の生活ができるようになりました。

20代の頃は、まだ体力があるから、多少の寝不足でも支障はないような気がしているかもしれません。でも、それは違う。人間がこの地球上の生物である以上、お日様の動きには逆らえないのです。日のあるうちに働いて、日が沈むと同時に寝るのが自然。

もちろん仕事柄それのできない人もいるでしょう。そういう人は、今以上に健康管理に気をつけなければいけません。

偉業を成し遂げた人は、みな早起きしている

私が定時起床を心がけるようになったのは、大好きな太宰治が、朝早く起きて原稿を書いていたと知ってからです。無頼派で毎日飲み歩いているイメージが強いですが、奥様の津島美知子さんの証言では、朝に5枚原稿を書き、昼はずっと散歩をしていたとか。そうでなければ、あれだけの数の小説を残せるわけがありません。

20代後半にこの話を読んで、私も朝に仕事をするマネをしてみました。はじめは起きること自体がきつかったけれど、掛け布団を蹴飛ばすと、もう寝てはいられない。

小さな努力を重ねて朝の時間を充実させるようにシフトしていきました。ここ8年近く、年間1000本以上のコラムをFacebookにあげています。5年のうちに12冊の本を書きました。この大半は、苦手だった朝に書いたものです。

ウォルト・ディズニーは4時半、ナイキのマーク・パーカーは5時、Twitterのジャック・ドーシーが5時半、アップルのスティーブ・ジョブズは6時。みんな起床時間が決まっています。あなたも早起きを習慣にしましょう。

3

「定点の旅」と「未知の旅」をする

20代の旅は、他の世代の旅とは全く別ものです。まだ資金も乏しく、経験も少ない。体は若く、多少無理してもへこたれない。そんな時期だからこそ旅は大いに価値がある。楽しいとか、日頃のストレス発散なんてことに終わらず、視野を広げ、自分のスタンスを大きく変える力があります。

私が20代の頃、ある人がこんなことを語ってくれました。

「社会人になったら、休みを有効に使いなさい。旅をするといい。1年に二度、旅に出る。1つは、毎年同じ場所に行く『定点の旅』、もう1つは、毎年行ったことのない場所に行く『未知の旅』。若いうちは、これを繰り返すといい」

私の20代、30代は、この言葉の通りに過ごすことになりました。

世界で暮らせ、日本を歩け

勤めてしばらくしたあと、「定点の旅」はパリになりました。

パリは、昔から番地が変わりません。ラスパイユ大通りの222番地には、哲学者サルトルの家がある。パートナーだったボーボワールは、すぐ近くのシェルシェ通り11番地の一軒家に住んでいました。近くではあるが、この距離に2人の愛の葛藤がある。そんなことを考えながら、街を歩きます。

モンマルトルにある「エミール・グドー広場」、この近くに画家のピカソが住んでいました。「キュービズム発祥の地」と言われるここに佇んでいる。この公園自体が傾斜の急な三角形であることに気づく。「もしかしたらピカソは、この公園の形からキュービズムを見出したんじゃないか」なんてことを考えます。

毎年クリスマスからお正月にかけてパリに行き、世田谷区ほどの街をくまなく歩いているうちに、**自分はこの町に住んでいるような錯覚に陥ります。「そうだ。私はもともとパリに住んでいて、1年間日本に出稼ぎに行っているようなものなんだ」と思うと、その1年に起きた嫌な出来事がスーッと抜けていきました。**

1つの街に定点で通うと、「僕の人生はこれからどうしていけばいいのだろう」という内省したい気分に襲われます。古くて寒いホテルにこもると、何時間でもノートに向かうことができました。自分の原点を見つめることができました。

もう1つの旅は「未知の旅」です。

強制的に世界を広げ、好奇心に火をつけ、自分の殻を破る旅。仕事柄、海外に撮影に行くことも多く、五大陸のうち4つの大陸を旅して歩きました。

モロッコのカサブランカからマラケシュまで、友人が運転する車で移動する。エアコンが効かず、焼け死ぬかと思いました。イギリスを列車で回る旅の途中で、スコットランドで宿泊。そこで見た朝焼けに浮かぶ「エジンバラ城」の荘厳さはこの世とは思えませんでした。バーレーンで出会った、延々と続くラクダの群れ、モスクから流れるコーランに空が揺れるのを見ました。オーストラリア横断鉄道に乗れば、毎日カンガルーとエミューの肉が出てきます。胃をやられ列車の中でうずくまっていました。

海外に限らず、日本でも「未知の旅」はできます。私は大学の卒業旅行で、東北から北海道の知床まで20日ほどかけて回りました。すべて電車です。

青森の太宰治の生家が旅館をやっていた時代、彼が実際に暮らした部屋に泊まりました。流氷を眺めに行く途中、激しい雪でバスが止まりました。しかしあのときに見た白銀の世界ほど美しいものを私は未だに知りません。坂本龍馬を求めて、京都を集中的に歩いたこともあります。当時、龍馬は徒歩で歩いたので、私もできる限り徒歩にしました。すぐに足に豆ができて、龍馬の健脚を思い知ったのです。

「定点の旅」と「未知の旅」、これをスケジュールに入れてほしい。できればスマホに頼らずトラブルも「ウェルカム」の心境で、世界で暮らし、日本を歩く。続けるうちに、あなたの世界を見る目が変わり、これまでにはなかった考え方が生まれるはずです。

人生が最も光り輝くのは、20代に見た旅の景色です。旅をしましょう。荷物を極力少なくして、いざ、旅へ！

4 何もしない日をつくる

20年来の友人に『週末は、Niksen。』（大和出版）を書いたオランダ在住のライター・山本直子さんがいます。

「Niksen（ニクセン）」とは、「何もしないこと」。何もしない時間を積極的につくることによって、心身を解放し、ひらめきや創造性を豊かにする。そんな話がオランダ人の働き方や生き方を交えながら書かれていました。

読みながら、私は1つの景色を思い出していました。まさに20代の頃です。

勤めて2年目の夏でした。ひょんなことから丸1日時間ができました。その日は、大きな仕事が終わったあとで、何もやるべきことがない。しかも前日の飲み会がキャンセルになって、2日酔いに悩まされることもありませんでした。

「よし、今日は何もしない」

と、決める。スマホも携帯もない時代ですから、情報をシャットアウトするのは容易なことでした。**「何もしない」を正確に言えば、スケジュールに従って動くのではなく、自分が「これをしたい」という感情に素直になる。**今から思えば、「Niksen」に近い状態でした。

空気が乾いています。天気も申し分ありません。時間はたっぷりあります。

「さて、どうしようか」と思ったら、実に不思議なことに「子どもの頃に神戸港で乗ったクルーズ船に乗りたい！」という気持ちが湧いてきました。その日まで思い出すことなど一度もありませんでした。しかし、子どもの頃に両親に連れられて乗ったその日も、空気が乾き、お日様が美しい六甲の山並みを照らしていました。

神戸まで行き、1時間弱で神戸の港を回る船に1人で乗る。忘れていた潮の香りと海風に五感を解放していると、体の真ん中で凝り固まっていた疲れが溶けていきました。私のこれまでの生活の中でも、最もリラックスした日になりました。

積極的に「Niksen（ニクセン）」しよう

しかし、私はそれ以降、今の年齢になるまで「Niksen」する日を持たなかったのです。週末も、プライベートなスケジュールを入れている。本を書くようになると、体は休めても、いつも頭はネタ探しをしている。時折、休める日ができると、病人になったかのように眠るだけ。起きると余計に疲れているという日常が続きました。

この春、頭のどこかでそんな生活に限界を感じていたようです。心身の奥から「何もしない日をつくってほしい」という声がする中で、山本直子さんの著書を読みました。

「よし、『Niksen』しよう」

会社は休みです。仕事はやらないことに決めました。しばらくスマホも閉じることに。

心にどこへ行きたいかを尋ねると、南町田にある「スヌーピーミュージアム」と答えがきました。「そんなところに行きたいのかよ！」と自分でも驚きましたが、私は小学生の頃からスヌーピーが大好きで、著者のチャールズ・M・シュルツさんの生き方に憧れているのです。ミュージアムには、シュルツさんの原画がある。どうやらそれを見に行きたいと心は叫んでいるようなのです。

ミュージアムに入ると、シュルツさんが実際にスヌーピーやチャーリーブラウンを白い紙に描くところが動画で流れていました。その筆致、その勢い、白い紙にスヌーピーが描かれるのを見ているうちに、なんとも愉快な気持ちになりました。

「Niksen」、何もしない1日をつくる。

これはただの休みではありません。自己解放であり、自己救済でもあります。できればひと月に一度でも、こんな日をつくりたい。

20代で、日々緊張しているあなたには、特に必要な療法ではないでしょうか。今週末にでも、ぜひ「Niksen」してください。

5

自分の年齢から20歳引いて考える

30代の頃に、仲のいい占い師がいました。切符のいい姉御肌の人で、お酒にもよくつき合ってくれました。職業ですから、占いについては教えてくれませんでしたが、人を励ます方法について、こんなことを言ってくれました。

「実年齢から、20歳を引く」

例えば、40歳ならば、20歳を引くと20歳です。だから40歳の人に対しては、「あなたは今やっと、社会人として成人式を迎えたようなもの。これからあなたの本当の人生が始まるのよ」と励ます。

60歳ならば、40歳。定年退職を迎える人への花向けの言葉として、「あなたの人生は、今が一番の働き盛りです。心身共に一番脂の乗っている時期ですよ。人生の冬支度なんて早い、早い」と激を飛ばす。

今の私は、髪が白くなり、体のあちこちが痛み始めていますが、「働き盛り」と言われると、うれしい。体もシャキッとしてきます。

27歳は、小学1年生

さて、あなたたちは今、20代です。

20歳を引くと、20歳が生まれたばかり。30歳を迎えるときがちょうど10歳。小学4年生ですね。「2分の1成人式」の頃になります。自分の年齢から20歳を引いた立ち位置で生きる。するとこんな感じになります。

0歳（20歳）

生まれたばかりのあなたは、まだ「あー」「うー」しか言えません。しかし、この1年の発達は非常に早く、9ヵ月もすればお座りができ、9ヵ月を過ぎたあたりから「ハイハイ」を始めます。1年が終わる頃には歩き出す子もいます。20歳の1年は、1ヵ月単位で自分の成長を見ていきましょう。手当たり次第、好奇心を発揮してください。

1歳（21歳）

行動範囲が広くなり、探索行動が盛んになります。しかしまだ、社会のルールがわかっておらず、言葉もまだ不十分です。21歳は社会の言葉とルールを学ぶべきときです。

2歳（22歳）

歩くのが楽しくてしょうがない。言葉が爆発的に増えていきます。その分、自己主張が強くなり、「イヤイヤ期」にも入る。22歳は自己主張、自己表現力が高まりを見せるとき。わがままにならないように。

3歳（23歳）

人の言うことが理解できるようになります。考える力がついた分、反抗期にもなります。23歳のあなたは、世の中の仕組みや社会人としての人の心が読めるようになる。「大人社会」が嫌になったり、会社が嫌になったりする時期です。

4歳（24歳）

バランスが取れてきます。身の回りのことは、ほぼ自分でできるようになる。24歳は、「自活」していく能力がつく頃です。記憶力、理解力も大きく伸びて、社会人としての「戦力」になり始めます。

5歳（25歳）

コミュニケーション開花期です。人との会話を通じて、社会のしくみや習慣が理解できるようになる。25歳のあなたは、会話量を増やしましょう。自分の知らない世界の人と語り合う機会を増やしていきましょう。

6歳（26歳）

小学校入学前の1年は、身の回りのことをなんでも自分でできるようにする時期。福沢諭吉先生の「独立自尊」を鍛えるべきときです。

仕事はまず自分でやってみる。人に頼らない。自己責任が問われる年齢です。

7歳（27歳）

小学校入学。親から離れ、自分でなんでもやろうとする時期。自己中心的な考えになりがちです。下手をすれば、「私の言ってることに間違いはない」という「万能感」を持ってしまう時期。会社や社会に対する不満も出てきます。それも自己成長の1つです。自分を客観的に見ることができるかを問われる時期なのです。

8歳（28歳）

小学2年生。ちょっぴりお兄さん、お姉さんになる年齢。いつの間にか、もう「若手」とは言えない。社内外で自分より年下の子が目につきます。この頃は、「九九」を覚え、「作文力」をつけるとき。30代に向けて、新たな学びを意識するときです。

9歳（29歳）

小学3年生。「ゴールデンエイジ」と呼ばれ人生で最も体と知能が発達する時代です。しかし「9歳の壁」というものがある。抽象的、客観的にものを見る力が身につくことで、自分に自信がなくなるときでもあります。厚労省の調査によれば、２０１８年度の女性の初婚の平均年齢は、29．４歳。男性が、31．１歳。新しい生活に向けて、喜びと不安が交錯する頃です。

もちろんこれは、平均的な子どもの成長に合わせて書いたものです。人によってズレがあったり、そぐわない点もあるでしょう。

しかし大切なのは、自分の実年齢から20歳を引いて、今の自分が社会人としてどんなポジションにいるかと考えること。その視点から仕事や人間関係を眺めると、新しい発見があるはずです。

6

「Doing」より「Being」を意識する

友人に、宝塚出身で、今も俳優として活躍している植野葉子さんがいます。颯爽としていて、一緒に散歩をするだけで、元気を与えてくれるような人です。

彼女から、「自分が過去に学んできた舞台や演劇の練習、自分が考案した方法を基にした新しいエクササイズの教室をつくりたい」という相談がありました。

「自分が今ここにいること。Ｂｅ（存在する）を感じられるエクササイズにしたい」

ということで、実際に体験してみました。

その中で最も印象的だったのが、目を閉じて、ただ立っているというエクササイズでした。立禅（立って行う禅）のようでもありますが、少し違います。

立って、今自分が感じていることを感じる。体の重心や体から発信されている様々なサイン、頭に浮かぶ出来事などをただ感じる。それだけです。

しばらくして目を開けてみる。前とは違った景色が広がっていました。そこに自分の「Being（存在）」があることを手触りとして感じることができたのです。

「Ｂｅ（存在する）」に感謝できていますか？

英語を習い始めたとき、私は「Ｂｅ動詞」が不思議でなりませんでした。

I am a boy.（私は少年として存在している）

「Ｂｅ」の日本語訳が、主に「存在する」「ある」しかないもので、子どもだった私はさっぱり意味がわかりませんでした。なんでこんなに面倒臭い言い方をするのだろう。
比べると「Ｄｏ」は簡単です。歌う、食べる、寝る、走る、恋をする、みんな「する」

です。しかし、「Ｂｅ」は頭で理解しても、どうもしっくりとこない。自分の中で、「Ｂｅ」が腑に落ちたのは、皮肉なことに「死」に遭遇してからです。祖父母に父、先輩や友人が死んでいく。

「何もしなくてもいい。ただ生きてさえいてくれればいい。ただそこにいてほしい」

と願った瞬間に、私の中で「Ｂｅ」の大切さがわかりました。

「Being（存在）」と「Doing（行動）」。恋愛や人間関係を考えるとき、これをしっかりと意識することが必要です。

好きな人がいる。彼が食事に誘ってくれたり、一緒に旅行してくれたりする。仕事ができ、運動もでき、あなたにいつもやさしくしてくれる。素晴らしいことではありますが、これはすべて「Doing」の範疇です。あなたはその行為に心を寄せているのではないでしょうか。

問題は、「Being」。何もしてくれなくても、そこに存在してくれていることに好意を寄せられるか。人に騙され、事業に失敗し、病気になり、苦しみの声を上げている。しかしこれらもすべて「Doing」の範疇です。こういう状況になっても、あなたは彼の「Being」を愛することができるか。**存在そのものを、受け入れることが可能か。恋愛や人間関係は、最終的にはここを問われるのです。**

かつてNHKに「ようこそ先輩」という番組がありました。小学生に写真家の荒木経惟さんが、人物撮影について教える。

初日、子どもたちは、簡単にお父さんやお母さんの写真を撮影してきます。親とうまくいっていない子どもは、おそるおそる背後から撮影していました。

それを並べた上で、荒木経惟さんは、自分の母親が臨終のときの写真を見せました。まさに「Being」が消え入る瞬間です。子どもたちの顔色が変わります。お母さん、お父さんが「生きている」「存在している」ことが、当たり前と思っていた子どもたちが、「今、ここに親が生きている」ことの喜びを一瞬にして読み取るのです。

この授業を受けたあとに、子どもたちが写した写真は明らかに違っていました。そこには「Being」が写し出されていました。

7 きれいごとで勝負する

最後に20代のあなたに語りたいのは、「志」の話です。

「志」とは、「自分はこのスタンスで生きていく」ということを明確にすることに他ならないからです。

私は、明治期に日本の理想教育を掲げ、私立大学を創設した人を尊敬しています。私立大学は、「志」立大学。校祖の志やその大学人が生み出してきた言葉。そういうものの中に、人生の指針となるものがある。実際に多くの言葉を礎に、生きてきました。

慶應義塾大学を創った福沢諭吉先生の「独立自尊」。

この素晴らしさについては、すでに語りました。「自分のことは、自分でやる」と意訳していますが、20代の私はこの言葉を胸に、学生から社会人になり、親元を離れ、自立を目指しました。社会人としての基礎となる生活は、この言葉によって育まれました。

同志社大学を創った新島襄先生は、「良心」という言葉を教育の根本に置きました。「一国の良心という人物」を世に送り出すことを大学設立の目的としたのです。

新島襄先生の語る「良心」は、「人間の目ではなく、神の目で見る」というもの。**その行いが正しいかどうかを、自分を離れて上空から客観的に眺めてみる。その行いが、自分の出世や保身ではなく、社会のためになっているか。「良心」に照らして判断する。**

この姿勢があれば、心貧しい「忖度」がこれほど横行する社会にはならなかったでしょう。

早稲田大学を創った大隈重信先生。この大学の校歌に「進取の精神」があります。校歌を作詞した相馬御風さんの言葉です。歌い継がれるうちに、早稲田精神を表すようになりました。

「進取の精神」を、私を教えてくれた法学部の先生は、「言い出しっぺになることだ」と教えてくれました。

「何事も、最初に手をあげてやり出すことは辛い。失敗のリスクも高い。だからこそ、早稲田で学んだ人間は、言い出しっぺ、やりだしっぺになるべきだ。それがこの大学の4年間で学ぶことだ」

この言葉は今なお私の中に生きています。

集団行動の中にあって、リスクの高い海に最初に飛び込むペンギン。敬意を評して「ファーストペンギン」と呼ばれます。これを目指す。自分を信じ、リスクをとって、万人の利益を求めていく。優柔不断で、怠け者だった私の尻を常に蹴飛ばしてくれる言葉です。

矛盾だらけの世の中だからこそ、「志」を高く

こういう話をすると、「現実は、そんなにうまくいかないよ」という声が必ず帰ってきます。中には「きれいごとだ」と断じる人もいます。私は内心「きれいごとの何が悪い」と思っています。

SDGs（持続可能な開発目標）推進のため、日夜活動している川延昌弘さん。彼が、「丸の内それいゆ大学」で中高大学生に語った言葉の中に、

「きれいごとで勝負する」

が、ありました。「忖度社会をやめて、次世代にいいバトンを渡すために、きれいごとで勝負できる社会をつくろう。きれいごとは、『揶揄すること』から、『未来のために行動すること』へ日本語を変革しよう」という意味だそうです。

自分を磨いて「軸」をつくるとき、この言葉を忘れないでほしいのです。矛盾だら

けの社会構造、予測不能な未来、少子高齢化、格差の広がり、非平等な労働と、世の中の悪い面、人間の醜い面に目を向ければ、確かに足がすくんでしまいます。

しかし、あなたが一生嘆いたり、不平不満を垂れ流していたとしても、社会もあなたも一向によくなりません。

まずは、自分のことは自分でできるようにする。自分の良心に照らし合わせて、少し高い目線から、正しい行動を取るよう心がける。集団の中では自分を信じ、リスクを取って、自らチャンスをつかんでいく。こう考えられた瞬間、あなたの肚は座るはず。先人たちの意思を継ぎながら、あなたの未来をつくっていってください。

「人間の幅」を広げる軸をつくる

1 20代に見たものが、あなたの感性になる

2 1日のモチベーションは、朝一番に決まる

3 「定点の旅」で内省し、「未知の旅」で好奇心を広げる

4 「よし、今日は何もしない」と決める日があっていい

5 社会人のポジションは、「年齢から20歳引く」と見えてくる

6 感謝すべきは「してくれること」より「いてくれること」

7 最後に笑うのは、「志」の高い人

おわりに

40年越しの「志」を継いで

「年代別の本を書きませんか」

と、大和出版の編集部長に言われたのは、昨年の夏のことでした。

10代、20代、30代と、年代に分け、その世代に言葉を贈る。これを大和出版から出すことに私は格別の思いを抱いたのです。

1980年代、時代の寵児としてベストセラーを連発していたNHKアナウンサーの鈴木健二さん。彼が、『男は20代に何をなすべきか』『30代に男がしておかなければならないこと』『男が40代にやっておくべきこと』などの「年代本」を出していたのが大和出版でした。この空前のベストセラーの後釜に私は指名されたのです。正直、力不足だと思いました。まだ、早いと逃げ腰にもなりました。

鈴木健二さんは、当時NHK「クイズ面白ゼミナール」の名司会で人気を博していました。そこに学生アルバイトとして私は紛れ込んでいたのです。

当初の私の仕事は、放送作家がつくってきたクイズの裏取りでした。

NHKには「3文献1系統」という厳しい掟があって、3つの文献と1人の見識者の意見で証明されたクイズ以外は認められませんでした。私は朝からNHKの資料センターにこもって、歴史を調べ、科学の文献を読み、読めない楽譜とにらめっこしながらいろいろな知識を吸収していたのです。

鈴木健二さんは、学生から見ると雲の上の人でした。

しかし、私がクイズをつくるようになると、声をかけてきてくれるようになりました。

私が太宰治を好きだと知ると、旧制弘前高等学校出身の鈴木さんは、

「このクイズを見て、金木のおばぁちゃんが面白いと思いますか？」

と尋ねてきました。太宰の生家・青森県金木町の旅館で働く御老人たちが、楽しく「面白ゼミナール」を見ていることを報告したのを覚えていてくれたのです。

「金木のおばぁちゃんでも通じるように、わかりやすく書く」

そんな一言一言が、私を育ててくれたのです。

鈴木健二さんのあとに、「年代別」の本を書く。実に不思議なご縁です。今年の4月に長く勤めた（株）博報堂を定年退職する私にとって、この本はまさに卒業制作。サラリーマン時代に培った考え方やノウハウを、思う存分20代の若者に注ぎ込む場になったのです。鈴木健二さんに学んだことを、私の経験を通して、次の世代に手渡すバトンになりました。

執筆にあたっては、大和出版副社長の塚田太郎さん、編集部長の竹下聡さんに格別なお力添えを頂きました。編集担当の礒田千紘さん。今回で3冊目となりますが、若い世代のものの見方を小気味よく的確に伝えくれる力と、常に新しいものをつくろうとする姿勢に敬服しています。お世話になりました。次回もよろしくね。

今回の本は、20代の生声を取材しなければ書けませんでした。明治大学文学部の太田光咲さん、牧野桃子さん、細田日菜さん、西村優美香さん。あなたたちの考え方や悩みを聞かなければ、この本は成立しなかったでしょう。ありがとう。

博報堂の仲間たち。立谷光太郎さん、内田忍さん、深谷治之さん、博報堂教育財団の寺島二郎さん。おかげさまで、二足の草鞋を履き切ることができました。

そして、いつも私に的確なアドバイスをくれるDr.コパこと小林祥晃さん、お世話になりました。

書き終えて、自分には未だ明確な「自分軸」がないことを痛感しています。「ろばを売る親子」のように、人の意見に左右され、自分を見失いながら、書き進めたことを告白します。しかし、これが今私にできる20代に贈る言葉のベストだという自負はあります。

最後になりますが、今年米寿を迎えた母に、今年還暦を迎える息子より一言。
長生きしてください。私も、長生きします。
いつまでも私の本を読み続けてください。

ひきたよしあき

20代《だい》だから許《ゆる》されること、しておきたいこと

「ブレない」「流されない」「迷わない」自分になる6つのヒント

2020年 7月31日 初版発行
2024年 10月11日 4刷発行

著 者……ひきたよしあき
発行者……塚田太郎
発行所……株式会社大和出版
東京都文京区音羽1-26-11 〒112-0013
電話 営業部03-5978-8121／編集部03-5978-8131
https://daiwashuppan.com
印刷所／製本所……株式会社デジタルパブリッシングサービス
装幀者……井上新八
イラスト……岡村優太

ISBN978-4-8047-1864-4

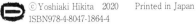